# Kleine Eisenbahngeschichte des Ruhrgebiets

Sönke Windelschmidt, Wolfgang Klee

DGEG Medien

*Umschlagabbildungen*

Hochbetrieb im Eisenbahnmuseum Bochum-Dahlhausen der Deutschen Gesellschaft für Eisenbahngeschichte (DGEG) am 28. April 2007. Aus Anlass des 30. Geburtstages des Museums und des 40-jährigen Bestehens der DGEG war neben anderen Neubau-Dampfloks die 65 018 der SSN aus Holland zu Gast.
Foto: Wolfgang Klee

*Rückseite*

Lok 002 der Bahnen und Häfen rollt am 12. Oktober 2001 mit einem leeren Kohlenzug in Richtung Moers über die Haus-Knipp-Brücke bei Duisburg-Baerl.
Foto: Rainer Wittbecker

Kleine Abbildungen unten: Güterzuglok der Baureihe 50 im Rangierbahnhof Hamm; TEE „Parsifal" Hamburg – Paris bei Gelsenkirchen-Rotthausen.

*Die Autoren danken den zahlreichen Eisenbahnfreunden, ohne deren Mithilfe dieses Buch nicht zustande gekommen wäre, insbesondere den Herren Jens Grünebaum (Herdecke), Günter Krause (Werl), Werner Wölke (Wetter), Markus Meinold (Hamm) sowie ganz besonders Norbert Tempel vom Westfälischen Industriemuseum, Dortmund.*

Deutsche Nationalbibliothek – CIP Einheitsaufnahme

ISBN: 978-3-937189-13-0
2. überarbeitete Auflage, 2007



*Herstellung*
DGEG Medien GmbH

*Druck und Verarbeitung*
Bonifatius Druck, Paderborn

# Inhaltsübersicht

Kohle und Dampf, so stellt man sich das (alte) Ruhrgebiet vor: Lok 01 063 wartet um 1960 in Bönen vor der Kulisse der Zeche Königsborn auf Ausfahrt in Richtung Unna.

# Eisenbahnlandschaft Ruhrgebiet – ein Vorwort

Als Land der 1000 Feuer und der rauchenden Schlote wurde das Ruhrgebiet noch bis vor 25 Jahren wahrgenommen. Hier roch es überall nach Arbeit, die Belegschaften der großen Werke zählten nach Zehntausenden und von den zahllosen Rangierbahnhöfen hörte man Tag und Nacht die Pfiffe der Verschubloks, das Kreischen der Räder und Hemmschuhe und das charakteristische Aufeinanderstoßen der Güterwaggons. Das Kraftzentrum Deutschlands lag an der Ruhr, hier wurde das Geld verdient, das in Düsseldorf oder München ausgegeben wurde. Das Herz der Arbeiterbewegung schlug in Dortmund und Gelsenkirchen. Auf dem „Pütt" und am Hochofen wurden die gesellschaftlichen und sozialen Fortschritte erkämpft, die uns heute verloren zu gehen drohen. Die Streikparole „Alle Räder stehen still, wenn Dein starker Arm es will!" muss von den Kumpeln des Ruhrgebiets ersonnen worden sein.

Der „Ruhrpott" mit seinem großen Arbeitskräftebedarf wurde zum Schmelztiegel der Nationalitäten – etwa 170 sollen heute hier leben. Zuwanderer aus Ostdeutschland, Polen und anderen osteuropäischen Ländern, später Flüchtlinge und Vertriebene, zuletzt „Gastarbeiter" aus süd- und südosteuropäischen Ländern, prägten Sprache und Gebräuche.

Der Niedergang der Schwerindustrie mit ihren speziellen Arbeitsbedingungen ließ die proletarischen Milieus bröckeln – und mit ihnen die politischen Mehrheiten. Der Abschied vom Malocher-Mythos ist nicht mehr aufzuhalten. Deutschlands „Wilder Westen" hat sich innerhalb einer Generation rasant verändert, ist aber unverwechselbar geblieben.

Ein unüberschaubares Gewirr von Industrieanlagen prägte „das Revier": Schornstein, Wasserturm, Kühlturm, Fördergerüst, Hochofen, Halde und Gasometer, kilometerlange Rohrleitungen waren ihre Wahrzeichen. Besonders imposant die riesigen Kohlekraftwerke und die Kokereien, die ihren Standort durch rhythmisch ausgestoßene Dampfwolken beim Kokslöschen markierten. Rot erleuchtet der nächtliche Himmel, wenn die Hüttenwerke ihre Schlacke kippten. „Tief im Westen, wo die Sonne verstaubt ..." lautet die Anfangszeile der Ruhrgebietshymne „Bochum" von Herbert Grönemeyer.

Eisenbahnlabyrinthe überall: Bahndämme, Brücken, Stellwerke, Schrankenposten mit ihren reviertypischen „Glück-Auf-Schranken", ein Dutzend Großstadtbahnhöfe und unzählige Vorortstationen, Rangierbahnhöfe, Zechen- und Hafenbahnen bestimmten das Bild zwischen Hamm und Duisburg, zwischen Ruhr, Emscher und Lippe.

Gebaut wurde vor allem schnell und zweckmäßig – und doch entstanden dabei kühne Konstruktionen aus Stahl, Ziegel und Beton. Manches Stück qualitätsvoller Architektur können wir uns heute als Industriekultur aneignen, weil es von aufgeweckten Denkmalpflegern und unnachgiebigen Bürgerinitiativen, von den beiden großen Industriemuseen oder der Internationalen Bauausstellung Emscherpark (IBA) gerettet wurde.

Die Vitalität dieser Region faszinierte Schriftsteller und Künstler, Industriemaler wie Fotografen gleichermaßen. Das von ihnen gezeichnete Bild von Arbeitern und Arbeitsstätten, von Industriebaronen und gigantischen Werksanlagen, Arbeiterethos und Macht des Kapitals wirkt bis heute in unseren Köpfen nach. Legendär „Das Werk Arbeit" des Grafikers Hermann Kätelhön mit seinen realitätsnahen Darstellungen des Ruhrbergbaus. In Form von Jubiläumsurkunden und Arbeitsdiplomen finden sich seine detailreichen Arbeiten noch heute in vielen Haushalten. Die Ölgemälde von Heyenbrock oder Kley dagegen hängen eher in den Vorstandsetagen. Als Beschädigung des Rufs einer ganzen Region wurden die fotografischen Arbeiten von Renger-Patzsch oder Chargesheimer aufgefasst. Dessen Fotobuch mit Texten von Böll zeichnete ein ungeschminktes Bild des Reviers mit deutlicher Sympathie für seine Menschen, wurde aber gleichwohl zum Skandal. Lesenswerte literarische Zeugnisse des Ruhrreviers haben u. a. Heinrich Hauser und Günther Wallraff, Max von der Grün und Erik Reger verfasst. Regers Roman „Union der festen Hand" gilt als zentrale literarische Auseinandersetzung mit Wirtschaft und Gesellschaft der Weimarer Republik anhand des literarisch kaum verschlüsselt dargestellten Krupp-Konzerns, der schon vor dem Ersten Weltkrieg die zentrale Waffenschmiede des Deutschen Reiches war. Als wichtiger Meilenstein ging Heinrich Hausers Ruhrgebietsreportage „Schwarzes Revier" von 1928 in die Geschichte des deutschen Fotojournalismus ein.

Neben Krupp haben Industriepioniere wie Harkort und Mulvany, Haniel, Hoesch, Dinnendahl, Grillo, Stinnes, Thyssen und die Gebrüder Mannesmann das Revier geprägt. Die großen Namen der Montanindustrie sind bis heute im Bewusstsein: Gutehoffnungshütte, Schalker Verein, Bochumer Verein, Hörder Bergwerks- und Hüttenverein, Phönix, Union, Deutsch-Lux, Gelsenberg (GBAG), Vereinigte Stahlwerke, Harpen, Hibernia, VEBA, Rheinpreußen, Arenberg/Prosper, Ewald/König Ludwig, Lothringen, Constantin ... Die spannende Geschichte ihrer umfangreichen Werkbahnnetze ist bis heute erst ansatzweise dargestellt worden.

Auch ARAL ist eine Reviermarke. Kohlenwertstoffe aus den Kokereien trugen nicht nur zum würzig-markanten Geruch des Ruhrgebiets bei, sondern waren Ausgangsbasis für die Kohlechemie: Rüttgers Teerverwertung in Castrop-Rauxel und Duisburg, Ruhrchemie in Oberhausen-Holten, Phenol-Chemie in Gladbeck, Sachtleben in Duisburg-Homberg oder der Chemiepark Marl-Hüls sind einige der bekannteren Adressen.

Der einst weltweit bekannte Stahlbau ist im Revier kaum noch zu finden: Die Brückenbauanstalten Harkort und Union, Klönne, Jucho und Dörnen sind verschwunden, die größeren Gießereien und Schmieden bis auf wenige Ausnahmen ebenfalls. Hohenzollern und Rheinmetall, Krupp und Orenstein & Koppel bauen schon lange keine Lokomotiven und Waggons mehr. Weitgehend unerforscht ist bis heute die zentrale Rolle der Ruhrgebiets-Werke als Eisenbahnzulieferer – wie z. B. die Henrichshütte als Radsatzschmiede für Henschel. Bis heute aktiv sind z. B. die Radsatzfertigung in Bochum und die Schienenherstellung in Duisburg.

Aus der Keimzelle des Reviers, dem Tal der Ruhr, hat sich die Industrie weitgehend zurückgezogen und eine idyllische Freizeitlandschaft hinterlassen. Mit der Ruhrtalbahn kann heute jeder den Spuren dieser Zeit nachgehen. Mit dem zwischen Hagen Hbf und Bochum-Dahlhausen fahrplanmäßig verkehrenden Museumszug können Familien Industrie-Denkmale und Museen wie die Zeche Nachtigall und die Henrichshütte Hattingen

Der Rangierbahnhof Hamm galt zwischen den Weltkriegen als der größte Europas, heute ist er weitgehend bedeutungslos. Sein Auf und Ab war mit Konjunkturen und Krisen der Montanindustrie eng verwoben.

ebenso erreichen wie den Bergbau-Rundweg im Wittener Muttental erwandern oder Treidelpfade und Schleusen der ehemaligen Ruhrschifffahrt erkunden.

Doch bis heute laden auch industriell geprägte Stadtlandschaften zum Besuch ein, in denen das industrielle Herz des Reviers noch schlägt: Fahren Sie in die „Stadt Montan", nach Duisburg, dem schmuddeligen Revier des Tatort-Kommissars Schimanski. Steigen Sie in die Straßenbahn-Linie 903 nach Hüttenheim, die teilweise parallel zur geschäftigen „Hüttenbahn" des Hüttenwerks Krupp-Mannesmann verläuft.

Stellen Sie sich am Abend in Duisburg-Bruckhausen auf die Brücke der Alsumer Straße über die Gleise von „Eisenbahn und Häfen" und warten Sie, bis eine Torpedopfanne mit flüssigem Roheisen auf dem Weg vom Hochofen zum Stahlwerk vorbeikommt. Fahren Sie nach Gladbeck zum Bahnübergang Talstraße, zur „Drehscheibe" von RAG Bahn Hafen, der ehemaligen Zechenbahn der Ruhrkohle AG und beobachten Sie den regen Montanverkehr. Nutzen Sie das Fördergerüst des Bochumer Bergbau-Museums, die Hochöfen im „Landschaftspark Duisburg Nord (ehem. Meidericher Hütte)" und der Hattinger Henrichshütte oder den Gasometer in Oberhausen als grandiose Aussichtsplattformen. Viele dieser Attrak-

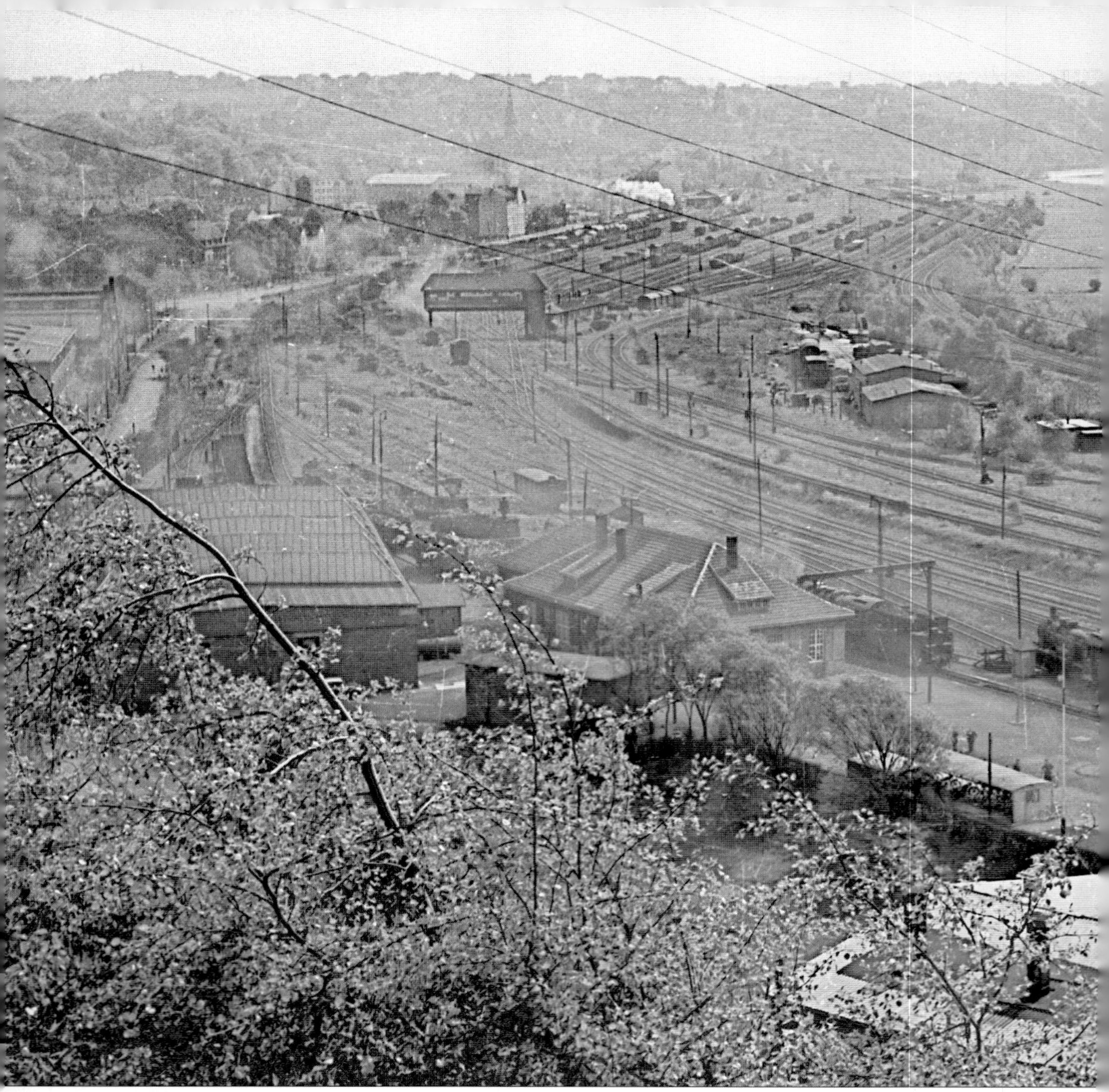

tionen sind nachts effektvoll angeleuchtet. Die weltweit bisher einmalige „Route der Industriekultur“ (www.route-industriekultur.de) mit ihren Besucherzentren bietet Anregungen und Informationsmaterial für die verschiedensten Interessenlagen.

Fahren Sie mit dem Zug über die Emschertalbahn von Dortmund nach Wanne-Eickel und weiter über die alte Köln-Mindener Bahn nach Duisburg, von dort über Oberhausen nach Ruhrort-Hafen; oder durchs Ruhrtal zwischen Witten und Hagen – und Sie werden das Ruhrgebiet und seine Menschen in all ihrer Vielseitigkeit und Widersprüchlichkeit viel schneller und besser kennen lernen, als aus der Lenkradperspektive im Stau auf dem „Ruhrschleichweg“ B 1/A 430!

Bahnbetriebswerk und Rangierbahnhof Bochum-Dahlhausen in den fünfziger Jahren. Das Ende der Kohleförderung und der Stahlindustrie im Ruhrtal raubte dem Rangierbahnhof (und damit auch dem Bw) die angestammten Aufgaben. Während auf dem Gelände des Rbf inzwischen neue Wohnbauten entstanden sind, ist im Bw das Eisenbahnmuseum der DGEG heimisch geworden.

Radeln Sie entlang des Rheins und setzen Sie sich entspannt ans Ufer, um den regen Bahnverkehr über die großen Rheinbrücken zu beobachten! Nutzen Sie die „Tage der offenen Tür", die von den großen Unternehmen der Montanindustrie jetzt häufiger angeboten werden. Meist besteht dann auch die Gelegenheit, an Rundfahrten über das Netz der Werkseisenbahn teilzunehmen. Auch die „Hafenbahnen" in Dortmund und Gelsenkirchen nehmen häufig an den volksfestartigen Hafenfesten teil.

Ob „Regelbetrieb" auf DB- oder Werkbahngleisen, ob Sonderfahrten oder Museumszugverkehr – das Revier bietet Ihnen jeden Tag die Gelegenheit, die Bahnlandschaft Ruhrgebiet immer wieder aufs Neue zu entdecken. Glück auf! *Norbert Tempel*

# Was ist eigentlich „das Ruhrgebiet“?

Aufmerksame Leser werden es bald bemerken: Der Begriff „Ruhrgebiet“ wird in diesem Buch in manchmal wechselnder Bedeutung und für ein sich im Laufe der Jahrzehnte auch in seiner geografischen Ausdehnung wandelndes Gebiet verwendet. Vor 150 Jahren verstand man unter „Ruhrgebiet“ nur das Land an der mittleren und unteren Ruhr. Heute rechnet man das gesamte Einzugsgebiet der Emscher, das Land beiderseits der unteren und mittleren Lippe sowie des Niederrheins dazu.

Der Name Ruhrgebiet tauchte bereits Ende des 18. Jahrhunderts auf; um 1830 ist er bereits als fester Begriff in Büchern zu finden. Offiziell ist der Name Ruhrgebiet seit 1919 gebräuchlich, als er erstmals im Vertrag von Versailles verwendet wurde.

Auch wenn die große Zeit der Kohle inzwischen vorbei ist: Das Ruhrgebiet gilt nach wie vor als stärkste Industrieregion und mit rund 5,3 Millionen Einwohnern als einer der größten Ballungsräume Europas. So gesehen stellt es weder eine landschaftliche noch eine historisch-politische, eher eine wirtschaftsgeografische Einheit dar.

Als statistische und räumliche Grundlage wird heute allgemein das Verbandsgebiet des Regionalverbandes Ruhrgebiet (RVR) mit Sitz in Essen angesehen, der bereits 1920 als Siedlungsverband Ruhrkohlenbezirk gegründet wurde. Im RVR sind die kreisfreien Städte Bochum, Bottrop, Dortmund, Duisburg, Essen, Gelsenkirchen, Hagen, Hamm, Herne, Mülheim an der Ruhr und Oberhausen sowie die Kreise Ennepe-Ruhr, Recklinghausen, Unna und Wesel mit den kreisangehörigen Gemeinden zusammengeschlossen. Das macht zusammen eine Fläche von 4.435 $km^2$, etwa 13 Prozent der Gesamtfläche Nordrhein-Westfalens. Die größte Ausdehnung des Ruhrgebiets beträgt von Osten nach Westen 116 km und von Norden nach Süden 67 km.

Das Schienennetz dieses Raumes wird heute bestimmt von 1.600 km Strecke und über 70 Bahnhöfen der Deutschen Bahn AG, hier fahren u. a. 13 ICE/IC-, 13 Regionalexpress-, 25 Regionalbahn- und acht S-Bahn-Linien. Für ein flächendeckendes Nahverkehrsangebot sorgen – neben der DB AG – 24 Verkehrsunternehmen mit elf Stadtbahn-, 21 Straßenbahn- und über 700 Buslinien. Alle zusammen transportieren täglich im Schnitt fast 3 Mio. Fahrgäste. Der Verkehrsverbund Rhein-Ruhr (VRR) als Zusammenschluss der Verkehrsunternehmen bildet damit den beförderungsstärksten Verkehrsverbund Europas.

Mit einem Wasserstraßennetz von 272 km Länge hat sich im Ruhrgebiet auch das dichteste Kanal- und Hafensystem Europas entwickelt. Allein den Duisburger Hafen, Europas größten Binnenhafen, laufen jährlich rund 2.000 Schiffe an. Und schließlich: Auf rund 4.700 km überörtlichen Straßen rollen 3,1 Mio. im Ruhrgebiet gemeldete Fahrzeuge.

*Quellen:*
*RVR-online (Stand: Februar 2005),*
*VRR-Presseinfos*

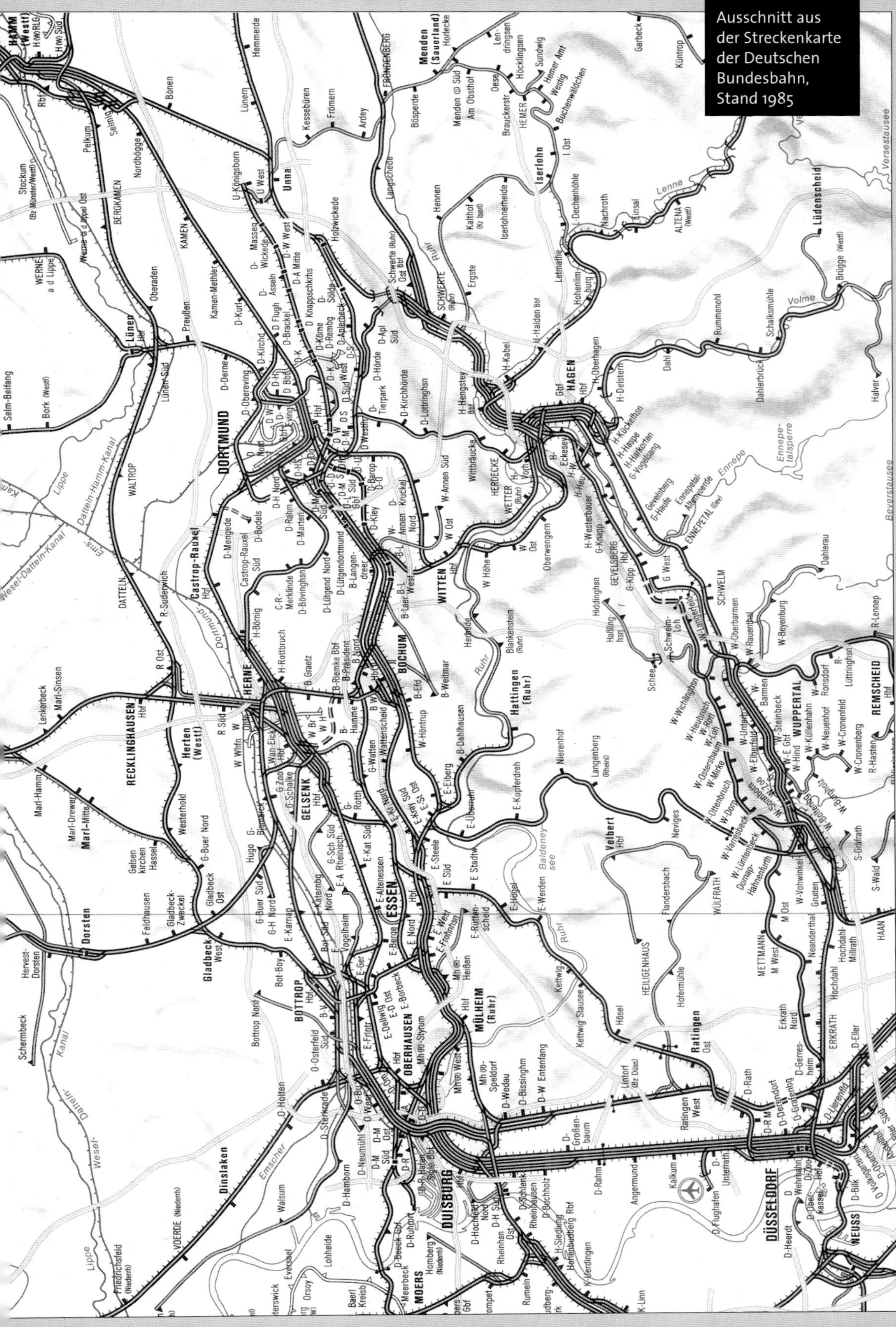


Ausschnitt aus der Streckenkarte der Deutschen Bundesbahn, Stand 1985

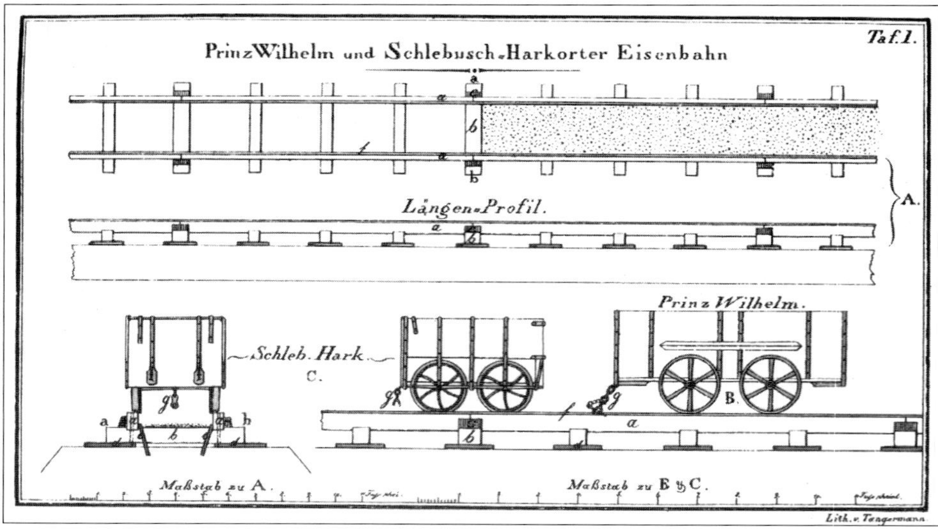


Einfach gemacht, aber schon unverkennbar Eisenbahn: Schienenweg und Kohlenwagen der (späteren) Prinz-Wilhelm-Bahn, die 1838 von Überruhr über Kupferdreh bis Nierenhof als Pferdebahn in Betrieb genommen wurde, und der von Friedrich Harkort 1830 fertiggestellten Harkortbahn, einer Kohlenbahn mit Pferdebetrieb von der Zeche Schlebusch in Silschede nach Haspe im Ennepetal.

Eisenbahn und Industrie prägen das Bild einer neuen Zeit: Blick auf Hagen mit dem Bahnhof der Bergisch-Märkischen Eisenbahn (er stand an der Stelle des heutigen Hauptbahnhofs) um 1860.

# Zwei Jahrhunderte – ein Überblick

Das Ruhrgebiet, einer der größten Ballungsräume und industrielles Kernstück Europas, Schwerpunkt des deutschen Eisenbahnnetzes – all das ist im historischen Kontext eine sehr junge Entwicklung. Rückblende: Zur Zeit des Mittelalters war die Landschaft jener Region, die man heute als Ruhrgebiet bezeichnet, durch Landwirtschaft und Viehzucht sowie große Waldgebiete geprägt. Die Besiedelung hatte zunächst entlang der Flussläufe Ruhr und Lippe stattgefunden, welche neben einigen oft unbefestigten Straßen die einzigen Handelswege der damaligen Zeit waren. Im benachbarten Sauerland und im Bergischen Land befanden sich bedeutende Erzlagerstätten. Daher nahm dort die Industrialisierung einen früheren Anfang, weil zudem die Nutzung der Wasserkraft an Flüssen und Bächen eine Teilmechanisierung der Arbeitsabläufe erlaubte.

Die bekannten oder gar erschlossenen Rohstoffvorkommen im Ruhrgebiet waren damals nicht sehr bedeutend. Eisenerz, das so genannte Rasenerz, wurde an oberflächennahen Lagerstätten in nur geringen Mengen gewonnen. Zusammen mit einem eher bescheidenen Steinkohlebergbau entwickelten sich erste Formen von Metall verarbeitenden Industriebetrieben, Gold- und Waffenschmiede wurden im Ruhrgebiet sesshaft. Aber die wirtschaftliche Entwicklung wurde zu Beginn des 17. Jahrhunderts durch den Dreißigjährigen Krieg erheblich gestört. Erst Anfang des 18. Jahrhunderts gelang es den Menschen unter Mühen, die begonnene gewerbliche Entwicklung fortzusetzen.

Der preußische König Friedrich der Große veranlasste die Zuwanderung landfremder Menschen, insbesondere ließen sich nun geschulte Bergleute aus Sachsen und Thüringen nieder. Weitere Gewerbe wie Tuchwebereien und Brauereien siedelten sich an. Der Steinkohlenbergbau wurde intensiviert, beschränkte sich jedoch meist noch auf die oberflächennahen Kohlevorkommen, die im Tagebau oder mit waagerecht in den Berg geschlagenen Stollen erschlossen werden konnten. 1757 gründete der Freiherr Franz Ferdinand von der Wenge zum Dieck das erste Eisenschmelz- und Hüttenwerk in Sterkrade. Weitere Eisenhütten folgten, betrieben von den Brüdern Haniel, Gottlob Jacobi und Heinrich Huyssen.

Nachdem der Zimmermann Franz Dinnendahl (1775–1826) in den Jahren 1799 bis 1801 die erste Dampfmaschine im Steinkohlenbergbau auf der Zeche Vollmond in Langendreer in Betrieb genommen hatte, erfuhr die Bergbautechnik eine rasante Entwicklung. Durch die mit der Dampfmaschine mögliche Wasserhaltung in den Schächten der Zechen konnte die Kohle nun auch aus tieferen Lagen gefördert werden. Dinnendahl konstruierte in der Folgezeit weitere Dampfmaschinen und Förderanlagen für den Steinkohlenbergbau.

Gottlob Jacobi gelang es, aus Kohle den für die Eisengewinnung besser verwertbaren Koks zu erzeugen. Friedrich Krupp durchbrach 1812 mit der Herstellung des ersten deutschen Gussstahls das englische Monopol und brachte der aufstrebenden Region weitere Unabhängigkeit. Friedrich Harkort übernahm ab 1825 das englische Puddel-Verfahren zur Stahlherstellung und verbreitete es bis 1840 im ganzen Ruhrgebiet. Die angestoßene Entwicklung, die industrielle Revolution, war nun nicht mehr aufzuhalten und das Ruhrgebiet wandelte sich in den nächsten Jahrzehnten in einem rasantem Tempo zum größten Industriegebiet in Mitteleuropa.

## Von den Anfängen bis zur Verstaatlichung

Mit der zunehmenden Industrialisierung erwuchs naturgemäß auch ein Transportproblem. Die Industriebetriebe benötigten Rohstoffe in großen Mengen, die produzierten Güter mussten zu den Absatzmärkten gefahren werden. Zunächst wurden vom preußischen Staat die Straßen ausgebaut und Flüsse schiffbar gemacht, um die Transportleistungen erhöhen zu können, was aber mit der wachsenden Nachfrage nicht Schritt halten konnte.

Seit etwa 1767 wurden im englischen Kohlebergbau Bahnen mit eisernen Schienen betrieben. Aufgrund des geringeren Rollwiderstandes auf Schienen konnten mehr Lasten befördert werden, als es auf den ausgefahrenen Straßen möglich war. Dieses „englische System" wurde auch in Deutschland bekannt. Im Ruhrgebiet wurden Schienentransportwege zunächst als Zubringer von den Kohlezechen zu den Schiffen auf der Ruhr erbaut. 1787 wurde die älteste Kohlenbahn angelegt, sie verband die vier Zechen Dicke Bäckerbank, Nockerbank, Johann Friedrich und St. Matthias mit der Rauendahler Kohlenniederlage bei Hattingen auf etwa 1.600 m Länge. Die Wagen entsprachen „englischer Bauart" und wurden von Pferden gezogen. 1827 wurde diese Bahn bis zur Hattinger Ruhrbrücke verlängert. Im Muttental, einem Seitental der Ruhr zwischen den Gemeinden Herbede und Bommern, wurde im Dezember 1829 eine etwa 6.000 m lange Kohlenbahn in Betrieb genommen, die den hier ansässigen Zechen den Abtransport der Kohle zur Ruhr und ins Hinterland zur Chaussee „ins Bergische" erleichterte. In der Folgezeit entstanden weitere derartige Schienenwege, die von den Schachtanlagen zu den Kohlelagerplätzen („Kohlenniederlagen") an der Ruhr führten, wo die Kohle dann in Lastkähne umgeladen wurde. Die Lastkähne trieben mit der Strömung flussabwärts oder wurden flussaufwärts von Pferden auf den Treidelpfaden entlang des Flusslaufes gezogen. Die Segel wurden nur bei der Bergfahrt zur Unterstützung der Pferde gebraucht.

## Prinz-Wilhelm-Bahn und Harkortbahn

Man erkannte, dass sich die Eisenbahn auch für den Überlandtransport der Kohle eignete, also ohne den Umweg über die Ruhrschifffahrt zu gebrauchen war. Schon 1816 gründete sich eine Aktiengesellschaft mit dem Ziel, eine Bahnstrecke von Steele nach Vohwinkel zu bauen. Politische Querelen ließen den Baubeginn erst 1830 möglich werden, und 1838 wurde die Deilbachbahn dann von Überruhr über Kupferdreh bis Nierenhof als Pferdebahn in Betrieb genommen. In Nierenhof bestand Anschluss an die Straße nach Elberfeld. Zur Einweihung erschien der preußische Kronprinz Wilhelm und befuhr den Abschnitt von Nierenhof bis hinunter ins Ruhrtal in einem Sonderwagen. Aus Anlass dieses Ereignisses wurde die Bahn als Prinz-Wilhelm-Bahn benannt.

1829 gründete Friedrich Harkort die 1830 fertiggestellte Harkortbahn, eine Kohlenbahn mit Pferdebetrieb von der Zeche Schlebusch in Silschede nach Haspe im Ennepetal.

Für die Errichtung dieser acht Kilometer langen Strecke mussten erstmals größere Erdmassen in Form von Anschüttungen und Einschnitten bewegt werden.

Harkort drängte in der Folgezeit auf den verstärkten Bau von Bahnlinien mit Lokomotivbetrieb, erhielt aber beim preußischen Staat – ohne staatliche Hilfe galten die Bahnprojekte vielen privaten Investoren noch als zu riskant – zunächst noch nicht die erforderliche Unterstützung. So wurde am 7. Dezember 1835 mit der Ludwigsbahn die erste in Deutschland mit Lokomotiven betriebene Eisenbahnlinie zwischen Nürnberg und Fürth in Bayern eröffnet. Im April 1837 folgte die Leipzig-Dresdener Bahn und 1838 mit der Berlin-Potsdamer Bahn die erste Linie auf preußischem Boden. Erste Eisenbahn Westdeutschlands wurde die in den Jahren 1838 bis 1841 gebaute Düsseldorf-Elberfelder Eisenbahn.

## Das preußische Eisenbahngesetz von 1838

Die preußische Regierung sah während der beginnenden Entwicklung des Eisenbahnwesens keine Notwendigkeit, Strecken auf eigene Kosten bauen zu lassen. Viel Geld war bisher schon in den Ausbau der Straßen investiert worden. Allerdings ließ Preußen den Bau privat finanzierter Eisenbahnlinien zu, sofern finanzstarke Unternehmen ein wirtschaftliches Konzept vorlegten; dabei handelte es sich in der Regel um Aktiengesellschaften. Auf Grund der Menge der vorgelegten Pläne und Anträge sah sich die Regierung bald in der Pflicht, nicht mehr einzelne Konzessionen zu regeln, sondern ein allgemeines Eisenbahngesetz zu verabschieden, welches am 3. November 1838 in Kraft trat. Im Wesentlichen schrieb das Gesetz vor, dass künftige Eisenbahnlinien von Aktiengesellschaften zu bauen und zu betreiben waren. Außerdem gestattete das Gesetz den Gesellschaften, Grundeigentümer notfalls auch zu enteignen, sofern deren Land für den Bau der Bahnlinien erforderlich war; hier wurden also – ein ungewöhnlicher Vorgang – Hoheitsrechte auf Private übertragen. Mit der Erteilung der jeweiligen Konzessionen gewährte der Staat den jungen Unternehmen einen Schutz vor direkten Konkurrenzlinien, sicherte sich jedoch selbst im Gegenzug weit reichende Aufsichtsrechte über die jeweilige Eisenbahngesellschaft. Zugleich nahm der Staat für sich auch ein ausdrückliches Ankaufsrecht nach Ablauf einer bestimmten Betriebszeit (meist nach 30 Jahren) in Anspruch, wovon aber später in der Praxis recht unterschiedlich Gebrauch gemacht wurde; dazu unten mehr. Das Gesetz regelte auch die verkehrs- und sicherheitspolizeilichen Bestimmungen über den Bau und den Betrieb der Bahnen. Bahngesellschaften, die vor Inkrafttreten des Eisenbahngesetzes schon konzessioniert waren, mussten sich nachträglich diesem unterwerfen. Da die Eingriffsmöglichkeiten des Staates sehr weitreichend waren, wurde es von vielen Eisenbahnpionieren als abschreckend empfunden, konnte letztlich aber die angestoßene Entwicklung nicht aufhalten.

## Der Aufbau des Schienennetzes im Ruhrgebiet

Ab dem Jahre 1846 begann für das Ruhrgebiet das Zeitalter der Dampf-Eisenbahn. Regelspurige, mit Dampflokomotiven betriebene Strecken überzogen die Region vom Rheinland aus: Als erste nahm die Cöln-Mindener Eisenbahn (CME) 1846 ihren Betrieb auf

Bahnhof Herne an der Stammstrecke der Köln-Mindener Eisenbahn um 1890 mit Bahnpersonal und Lokomotiven. Bei den Loks handelt es sich um C-Kuppler, die für Jahrzehnte typisch waren für den Güterverkehr im Ruhrgebiet.

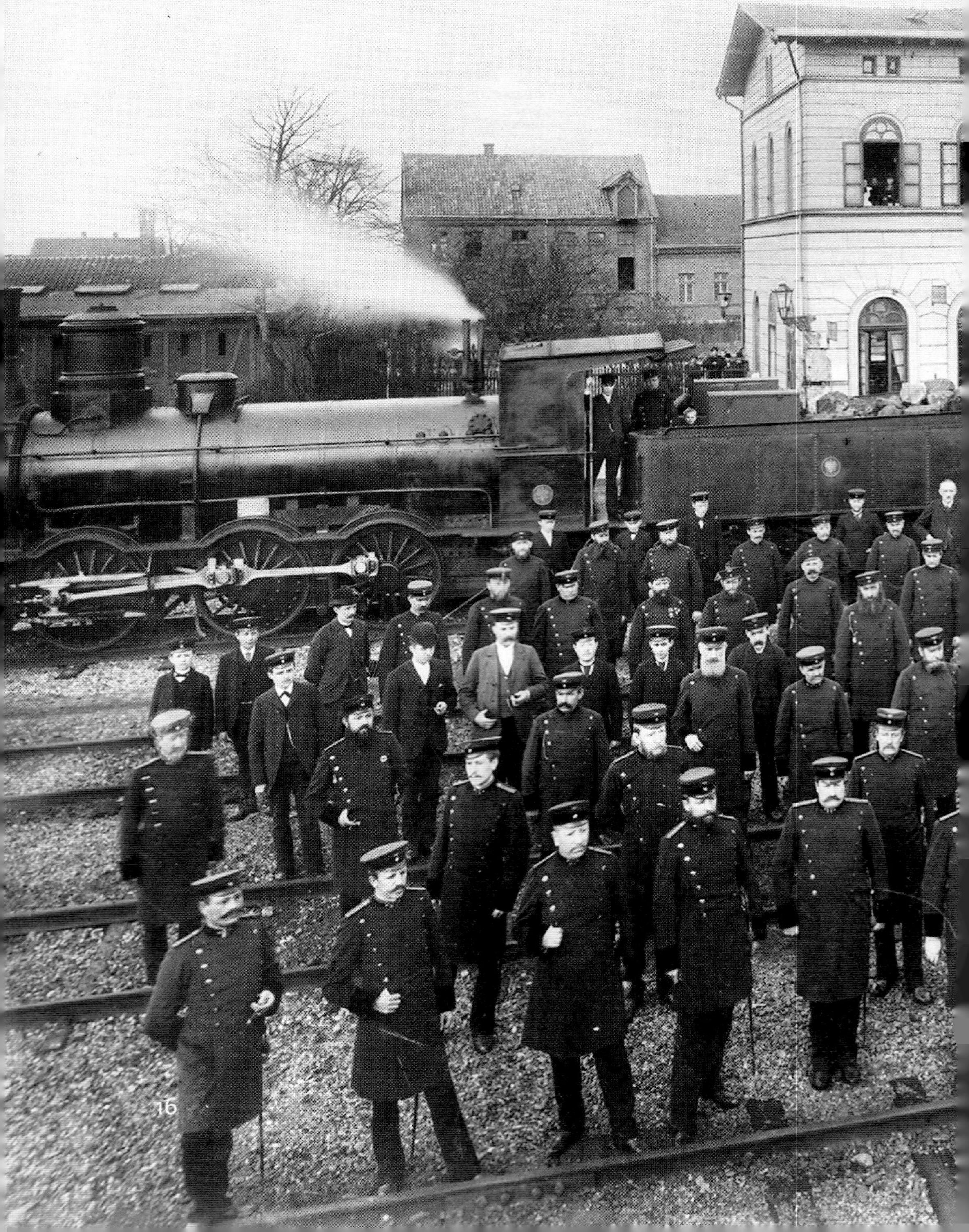

Herne

dem Abschnitt (Deutz –) Düsseldorf – Duisburg auf; die CME wurde ebenso wie die etwas ältere Rheinische Eisenbahngesellschaft (Stammstrecke Köln – Aachen – belgische Grenze) vorrangig von rheinischen Unternehmern – damals bezeichneten sich diese auch selbst häufig als „Kapitalisten“ – wie Ludolph Camphausen und David Hansemann getragen und geführt. Bis Mai 1847 wurde die CME-Strecke über Oberhausen, Altenessen, Gelsenkirchen – damals unbedeutende Flecken – und Dortmund nach Hamm und Minden verlängert. Die Trassierung nördlich des Ruhrgebiets (dort gab es damals nur wenige Siedlungen und Gewerbebetriebe) wurde von der CME gewählt, weil hier angesichts des ebenen Terrains die Baukosten günstig waren. Ziel der Strecke war es nämlich ursprünglich, eine Fernhandels-Verbindung zwischen dem Rhein und der Weser (und dann auch mit Berlin) herzustellen. Später konnten dann aber auch die hier inzwischen ansässigen Zechen und Fabriken ihre Güter auf der CME-Stammlinie verfrachten. 22 Jahre nach Harkorts Aufruf zum Bau einer Rhein-Weser-Bahn von 1825 war also eine solche Verbindung verwirklicht!

Die Cöln-Mindener Eisenbahngesellschaft blieb auch in den folgenden Jahrzehnten eine der rührigsten: 1856 kam die Strecke Oberhausen – Wesel – Arnheim hinzu, 1859 bis 1862 die Köln-Gießener-Strecke und von 1870 bis 1874 eine Verbindung von Wanne an der Stammstrecke (bzw. von Venlo via Wesel; beide Zweige vereinigten sich in Haltern) über Münster und Bremen bis Hamburg. 1874–1878 schließlich eröffnete die CME die Emschertalbahn von Dortmund über Merklinde (heute Dortmund-Bövinghausen) und Castrop-Rauxel Süd nach Herne, eine wichtige Kohlen-Abfuhrstrecke. Dazu kamen viele weitere kleinere CME-Strecken.

## Die BME erobert das Ruhrgebiet

1843 gründete sich in Elberfeld die Bergisch-Märkische Eisenbahngesellschaft (BME) mit dem Ziel, das im Prozess der Industrialisierung bereits relativ weit fortgeschrittene Bergische Land mit dem Ruhrgebiet zu verbinden. Die Gründung der BME war eine Reaktion auf den Entschluss der CME, ihre Stammstrecke aus Kostengründen nicht durchs Bergische, sondern durch die Lipperegion nördlich des Ruhrgebiets zu bauen. 1848 ging die BME-Stammstrecke Elberfeld – Schwelm – Hagen – Witten – Dortmund in Betrieb. In Dortmund benutzten BME und CME den selben Bahnhof.

Wegen der unerwartet hohen Baukosten im Bergischen, aber auch wegen der allgemeinen Wirtschaftskrise 1847/48 geriet die BME in finanzielle Schwierigkeiten und musste Berlin um Hilfe bitten. Angesichts der neuen politischen Situation (dazu unten mehr) konnte diese nun auch gewährt werden, allerdings unter der Bedingung, dass fortan Beamte des Staates die Kontrolle über das – ansonsten weiterhin als Aktiengesellschaft bestehende – Unternehmen übernahmen. Die neue Führungsstruktur bekam der BME nicht schlecht, im Gegenteil: Mit der Unterstützung aus Berlin wurde sie nun zum dominierenden Eisenbahnunternehmen im heutigen Ruhrgebiet.

1853 eröffnete die BME den Abschnitt Dortmund – Soest (Anschluss an die Westfälische Staatseisenbahn Hamm – Paderborn/Kassel) und 1856 wurde mit dem Bau der Ruhr-Sieg-Strecke Richtung Siegen/Frankfurt begonnen.

Bahnhof Recklinghausen (oben) an der Strecke Wanne – Münster – Hamburg der CME und Bahnhof Duisburg der RE (gebaut mit der Strecke nach Quakenbrück), beide aufgenommen um 1890.

In den Jahren 1844 bis 1847 war die Prinz-Wilhelm-Bahn von 1838 in eine normalspurige Lokomotiv-Eisenbahn umgebaut und bis Vohwinkel verlängert worden, um 1863 von der BME übernommen zu werden. Ab 1862 war die BME-Strecke von Dortmund und Witten über Bochum, Essen und Mülheim nach Oberhausen und Duisburg durchgängig befahrbar (auf ihrer Trasse fahren heute die Fernreisezüge der DB), was für die Stammstrecke der Cöln-Mindener Eisenbahn eine erhebliche Konkurrenz bedeutete. Im Jahre 1866 erhielt die BME die Konzession für die Ruhrtalbahn, erstes eröffnetes Teilstück war der Abschnitt Düsseldorf – Kupferdreh 1872. In den folgenden Jahren wurde die Ruhrtalbahn über Dahlhausen bis Hagen verlängert, zugleich von dort über die Obere Ruhrtalbahn der Anschluss über Schwerte, Bestwig und Warburg Richtung Kassel gefunden.

## Die Rheinische Eisenbahn kommt

Die Rheinische Eisenbahngesellschaft (RE) mit Sitz in Köln, das dritte der drei großen Privatbahnunternehmen in den preußischen Westprovinzen Rheinland und Westfalen, wollte natürlich ebenfalls am dramatisch aufblühenden Güterverkehr mit dem Ruhrgebiet teilhaben. Die RE hatte in den Jahren 1839 bis 1841 ihre erste Strecke auf der Relation Köln – Aachen eröffnet und in den folgenden Jahren ihr Schienennetz linksrheinisch ausgebaut, ehe sie ab 1863 mit dem Bau der Linie Osterrath (bei Krefeld) – Duisburg-Hochfeld – (Mülheim/R.)– Speldorf – Essen auch im Ruhrgebiet, also rechtsrheinisch, tätig wurde. Der Rhein wurde bis 1873 mit Hilfe von Fähren an der Trajektanstalt Hochfeld überquert, bevor eine feste Brücke in Betrieb genommen werden konnte. Größte Bedenken gegen eine solche Brücke hatte lange Zeit das Militär gehabt, befürchtete man doch erhebliche Nachteile durch eine feste Rheinüberquerung bei einem Angriff von Westen. 1874 erreichte die RE-Strecke über Langendreer auch Dortmund, zuvor wurde 1873 die Verbindung von Duisburg über Dorsten, Rheine und Quakenbrück nach Oldenburg und damit bis zur Nordsee konzessioniert; die RE hoffte hier auf Gewinn bringende Kohlentransporte, nicht zuletzt für den im Aufbau befindlichen Kriegshafen Wilhelmshaven. In südlicher Richtung erreichte die RE 1874 über Speldorf, Wedau, Ratingen, Opladen und Gremberg die Stadt Troisdorf, dort fand sie Anschluss an die rechte Rheinstrecke. Teuerstes (und letztes) Großprojekt der RE war der Bau der 1879 eröffneten Verbindung Dortmund – Herdecke – Hagen-Eckesey – Gevelsberg – Wuppertal-Wichlinghausen – Mettmann – Düsseldorf.

## Im Wettbewerb um die besten Frachten

Ab den 1860er Jahren betrieben also drei große Eisenbahn-Aktiengesellschaften – CME, BME und RE – ein rasch sehr dicht gewordenes (aber völlig unsystematisches) Streckennetz im Ruhrgebiet, das überwiegend dem Güterverkehr diente. Daneben gab es weitere kleinere private Gesellschaften wie die Niederländisch-Westfälische Eisenbahn-Gesellschaft (Gelsenkirchen – Borken – Winterswijk) oder die Dortmund-Gronau-Enscheder Eisenbahn, aber auch eine staatliche, nämlich die Königlich Westfälische Eisenbahn (WE). Diese war entstanden, nachdem ein Privatunternehmen mit dem Bau der Strecke Hamm –

Eher bescheidene Holzkonstruktionen waren die ursprünglichen Stationsgebäude von Mülheim-Eppinghofen und von Wanne.

Das Rheintrajekt der Rheinischen Eisenbahngesellschaft (RE) zwischen Hochfeld und Rheinhausen. Es gehörte zur 1866 eröffneten Verbindung Osterrath – Essen der RE und wurde 1873/74 durch die feste Hochfelder Brücke ersetzt.

Paderborn – kurhessische Grenze (bei Warburg) gescheitert war und der Staat 1848/49 die Sache auffangen musste. Die WE übernahm auch die Strecke Hamm – Münster und verlängerte sie bis Rheine (und später bis Emden), außerdem baute man eine Strecke von Welver (zwischen Soest und Hamm) über Unna-Königsborn und Dortmund Süd sowie weiter eine eigene Emschertalbahn (die kurz nach der Verstaatlichung schon wieder stillgelegt wurde) über Dorstfeld, Herne und Wanne bis Oberhausen. Das Ziel hieß auch hier: Teilhabe am Gewinn bringenden Güterverkehr, vor allem der Kohlenabfuhr.

Alle Bahnunternehmen – private wie staatliche – standen im harten Wettbewerb. Aber Kooperationen und Bündnisse gab es auch, die wurden meistens von Fall zu Fall geschmiedet. Dabei verwundert es nicht, dass die vom Staat verwaltete BME und die rein staatliche WE gut kooperierten und z.B. im Kohlentransport Richtung Osten gegen die in diesem Marktsegment dominierende CME antraten.

Für die Kunden – jedenfalls einige – der Bahnen war die Situation einerseits günstig, da die konkurrierenden Unternehmen um die Gunst großer Zechen oder Eisenwerke buhlten und günstige Anschlüsse und Tarife boten. Für die meisten Verlader war die Situation aber unübersichtlich, denn einheitliche Tarife gab es nicht und kleinere Betriebe waren in der Regel auf die nächstliegende Bahngesellschaft angewiesen.

Der tagtägliche Eisenbahnverkehr war eher problematisch. Nicht selten lagen an den Knotenpunkten die Bahnhöfe der verschiedenen Gesellschaften zwar nebeneinander, hatten aber keine oder nur wenig leistungsfähige Verbindungen. Der Übergang von Güterwagen war wegen technischer Unterschiede oft auch gar nicht möglich – und auch nicht erwünscht, die Wagen sollten ja möglichst weit auf den Gleisen der eigenen Bahn fahren, auch wenn ein anderer Weg weit kürzer war. Vielmehr war es an der Tagesordnung, dass Stückgüter umständlich von Wagen zu Wagen umgeladen werden mussten.

Im Personenverkehr war das Umsteigen ebenso alltäglich wie beschwerlich. Der Begriff des Hauptbahnhofes, in dem sich mehrere Strecken trafen, war weitgehend unbekannt, Gemeinschaftsbahnhöfe wie derjenige der BME und CME in Dortmund blieben im 19. Jahrhundert die Ausnahme.

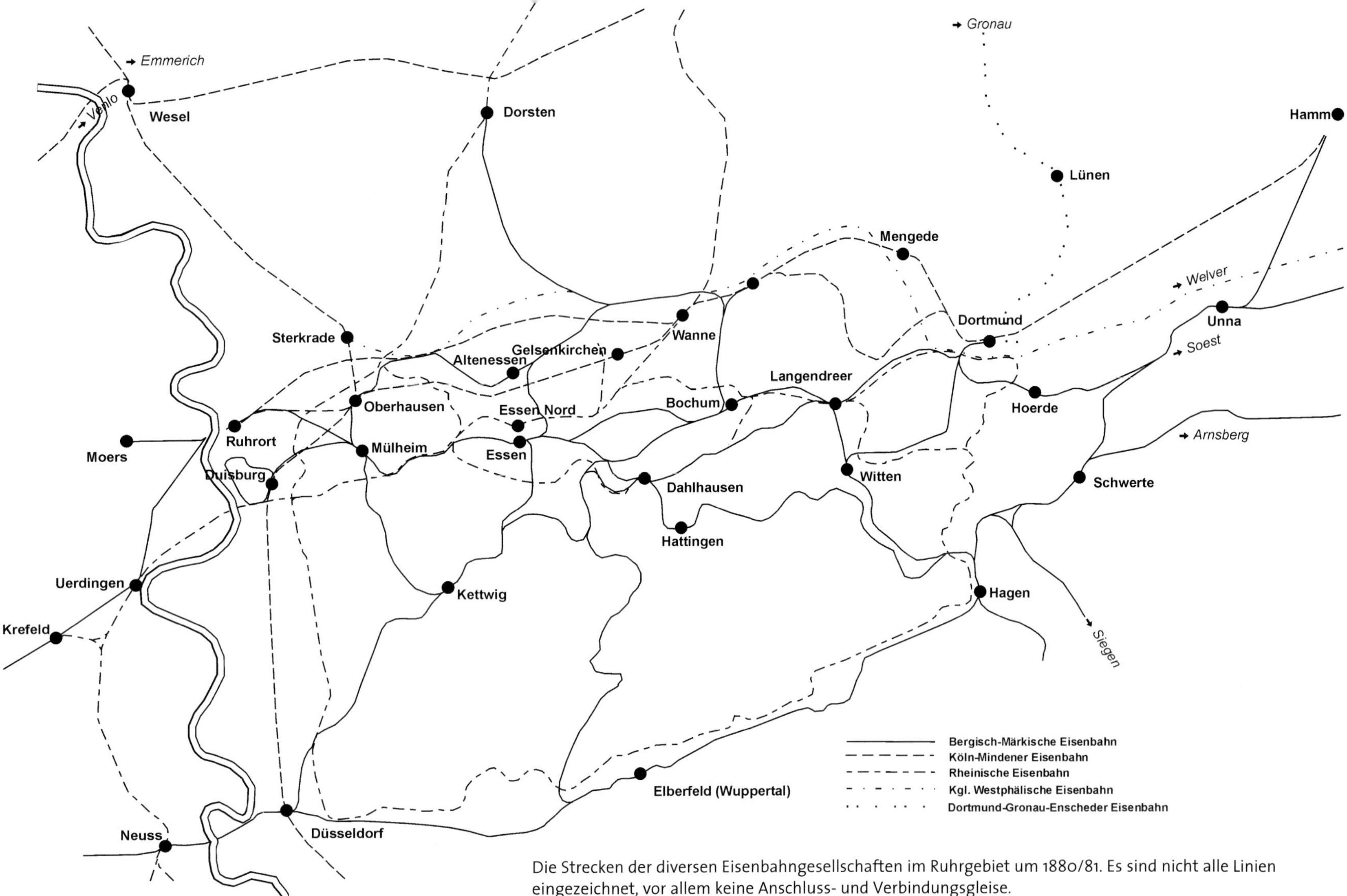


Die Strecken der diversen Eisenbahngesellschaften im Ruhrgebiet um 1880/81. Es sind nicht alle Linien eingezeichnet, vor allem keine Anschluss- und Verbindungsgleise.

Eisenbahn und Industrie, so weit das Auge reicht: Blick auf Essen um 1900. Die Abteilwagen waren im Personenverkehr damals Stand der Technik, und zwar im Fernreise- wie im Nahverkehr.

# 1880 – 1914: Die große Zeit der K.P.E.V.

Das im Entstehen begriffene Eisenbahnnetz hatte die politische, militärische und volkswirtschaftliche Aufmerksamkeit des Staates Preußen von Beginn an nicht ruhen lassen. Allerdings war es Berlin zunächst kaum möglich gewesen (bzw. opportun erschienen), etwas zu unternehmen. Aber mit der Revolution von 1848 hatte Preußen ein Parlament erhalten. Damit konnte der Staat nun selbst Anleihen aufnehmen und in großem Maßstab im Eisenbahnbau aktiv werden. Das war bislang nicht geschehen, weil eine alte Verordnung von 1820 die Aufnahme von Krediten an die Zustimmung eines Parlaments gebunden hatte – und von einem Parlament wollte die alte preußische Elite mit dem König an der Spitze nichts wissen. Aber wenn man nun schon mal ein Parlament hatte ...

Das preußische Handelsministerium, jetzt geführt von dem Elberfelder Bankier und BME-Mitbegründer August von der Heydt, erließ am 7. Dezember 1849 ein Gesetz, das den Bau und Betrieb von Eisenbahnstrecken durch den Staat ermöglichte. Da die Bergisch-Märkische Eisenbahn zwischenzeitlich wie gesehen in Finanznöte geraten war, erhielt sie einen Kredit unter der Auflage, die Betriebsführung künftig Staatsbeamten zu überlassen. Am 15. Oktober 1850 übernahm die „Königliche Direktion der Bergisch-Märkischen Eisenbahn“, wenig später in „Königliche Eisenbahndirektion zu Elberfeld“ umbenannt, die Betriebsführung der BME.

Das war der Anfang einer interessanten Entwicklung. Bis weit in die 1870er Jahre hinein entstanden und existierten weiterhin private und staatliche Eisenbahnen parallel. Einige gravierende Probleme dieses „Mischsystems“ sind oben bereits geschildert worden. Hinzu kamen weitere. Nachdem im Krieg von 1866 gegen Österreich der Sieg der von Preußen geführten Armeen nicht zuletzt dem massiven Einsatz der Eisenbahnen zu verdanken war, führte der deutsch-französische Krieg von 1870/71, bei dem einige Mängel im Transportwesen zu Tage traten, deutlich vor Augen, wie enorm wichtig aus militärischer Sicht eine einheitliche technische Ausführung des Eisenbahnmaterials – Gleise, Lokomotiven, Wagen – ist, um einen freizügigen Einsatz zu ermöglichen.

## Die Eisenbahnen werden verstaatlicht

Ab 1873 machte sich in Preußen wie in den anderen wirtschaftlich fortgeschrittenen Staaten West- und Mitteleuropas eine gravierende Wirtschaftskrise breit, die so genannte Große Depression. Einige auf Spekulation gebaute Eisenbahnunternehmen brachen zusammen. Nun wurde seitens der Montanindustrie auch der Unmut über die undurchschaubaren (und angeblich zu hohen) Tarife der Bahngesellschaften laut, ebenso der Ärger über die oft chaotischen Streckenverhältnisse. Die Landwirtschaft, noch immer Preußens wichtigster Wirtschaftszweig, beklagte die Tatsache, dass die Eisenbahnen durch ihre Billigtarife die Einfuhr von Getreide erleichterten (nicht zuletzt aus den USA, wo die transkontinentalen Eisenbahnen den Weizen günstig zu den Seehäfen brachten). All dies ergab eine Interessenlage, die eine Vereinheitlichung des preußischen Eisenbahnsystems in staatlicher Hand als

Bergsenkungen gehör(t)en zur Eisenbahngeschichte des Ruhrgebiets wie der Bergbau selbst. Die Abbildungen zeigen Streckenhebungen an der Köln-Mindener Bahn bei Herne in den dreißiger Jahren sowie in den Sechzigern neben der Zeche Sachsen bei Heessen.

unbedingt erforderlich erscheinen ließ. Und so kam es. Ab 1878 begann Preußen unter Bismarck und dem Staatsminister für öffentliche Arbeiten, Albert von Maybach, den Aufbau eines umfassenden Staatsbahnsystems. Beginnend mit dem ersten großen Verstaatlichungsgesetz vom 29. Dezember 1879 wurden Schritt für Schritt innerhalb weniger Jahre fast alle großen preußischen Eisenbahn-Aktiengesellschaften in Staatseigentum überführt. Den Widerstand einiger Aktionäre und Manager wusste Berlin durch großzügige Entschädigungen bzw. günstige Kurse für die aufzukaufenden Aktien rasch zu brechen.

Im Westen gingen die drei großen Eisenbahngesellschaften wie folgt in den Besitz des Staates Preußen über:

- Die CME per Gesetz vom 20. Dezember 1879 mit 1113 km Strecke, 17.023 Wagen und 619 Lokomotiven
- Die RE per Gesetz vom 14. Februar 1880 mit 1356 km Strecke, 14.434 Wagen und 507 Lokomotiven
- Die BME per Gesetz vom 28. März 1882 mit 1336 km Strecke, 21.607 Wagen und 768 Lokomotiven

Von nun an führte die Königlich Preußische Eisenbahn-Verwaltung (K.P.E.V.) den Betrieb auf den allermeisten Strecken des Ruhrgebietes (von wenigen kleineren Bahnen bzw. Werks-, Hafen- oder Industriebahnen abgesehen). Die Umgestaltung geschah in der Praxis zunächst unter Wahrung vieler bestehender Strukturen. Beispielsweise wurde die Direktion der Cöln-Mindener Eisenbahn in die Königliche Eisenbahndirektion Cöln rechtsrheinisch und die der Rheinischen Eisenbahn in die Königliche Eisenbahndirektion Cöln linksrheinisch überführt. Die an das Bergische Land grenzenden Strecken aufgelöster Bahnunternehmen wurden teilweise nun von der Direktion Elberfeld verwaltet.

Die Vereinheitlichung der Bahnverwaltung war alles in allem ein sehr langwieriger Prozess, der nur beispielhaft beleuchtet werden kann. So wurde am 1. November 1880 ein Königliches Wagenamt in Mülheim (Ruhr) errichtet, das bereits Anfang 1881 nach Essen verlegt wurde. Von dieser Dienststelle versprach sich die KPEV einen effizienteren Wageneinsatz im Ruhrgebiet. Denn der vor allem von den Bergwerksgesellschaften beklagte Mangel an Güterwagen war zu Privatbahnzeiten einer der größten Kritikpunkte an der Geschäftspolitik der Bahngesellschaften gewesen.

Der Eisenbahnverkehr nahm in der Folgezeit derart zu, dass die K.P.E.V. es für sinnvoll hielt, eine eigene Eisenbahndirektion für das Ruhrgebiet einzurichten, am 1. April 1895 wandelte man das Wagenamt zu Essen in die Königliche Eisenbahndirektion Essen um.

In den nun folgenden Jahrzehnten bemühte sich die Preußische Staatsbahn unermüdlich um eine Vereinheitlichung des Lokomotiv- und Wagenparks. Der Betrieb von unzähligen Typen, oft auch Einzelstücken, aus der Erbmasse der Privatbahnen behinderte einen wirklich rationellen Betrieb erheblich. Nach und nach wurden Bauteile wie auch ganze Fahrzeugtypen genormt und fortan nach Musterblättern gebaut. So konnte die Menge der vorzuhaltenden Ersatzteile drastisch reduziert werden und einem freizügigen Einsatz im ganzen Land stand kaum mehr etwas im Wege.

Der Zugverkehr nahm kontinuierlich zu, immer leistungsfähigere Lokomotiven und Wagen mit größerer Tragfähigkeit waren nötig. Nicht selten war ein Lokomotivtyp wenige Jahre nach seinem Erscheinen schon technisch überholt.

Auch die Eisenbahnnetze der Länder im Deutschen Reich und der Staaten in Europa wuchsen zusammen. An den Länder- oder Staatsgrenzen wurden nur noch die Lokomotiven getauscht, die Wagenzüge konnten auf Grund der technischen Vereinheitlichungen auch in andere Länder durchlaufen; legendär ist der Orient-Express mit dem Laufweg Paris – München – Konstantinopel (Istanbul), das Ruhrgebiet durchquerte der so genannte Nord-Express Paris – Petersburg (ab 1896). Sämtliche deutschen Großstädte waren bald durch Schnellzugverbindungen verknüpft – man konnte an einem Tag z. B. von Dresden nach Berlin zu einem Geschäftstermin hin und zurück reisen. Nachts konnte man im Schlafwagen nächtigen, im Speisewagen ließen sich Hunger und Durst stillen. Einfachste Personenzüge wie auch Luxuszüge ermöglichten breiteren Bevölkerungsschichten ein adäquates Reisen.

In den Ballungsgebieten entstanden dichte Nahverkehrsnetze, der Begriff des Berufsverkehrs wurde geboren. Ländliche Gebiete wurden durch Nebenbahnen erschlossen und erhielten so ihren lang ersehnten Anschluss an die Welt. Aus südlichen Ländern erreichten Gemüse und Obst, aus Holland Milch und Käse unverdorben den Empfänger an der Ruhr, riesige Mengen Ruhrkohle wurden im Gegenzug nach Bayern, Österreich und Italien verkauft und lösten dort z. B. die unrentable und leistungsschwache Torffeuerung im Lokomotivbetrieb ab. Europa wuchs zusammen, Entfernungen schienen bald keine Rolle mehr zu spielen.

## Die Eisenbahndirektion Essen

Die zum 1. April 1895 im Zuge der Neuordnung der Staatseisenbahnverwaltung gegründete Königliche Eisenbahndirektion (KED) Essen umfasste am Gründungstag eine Streckenlänge von 795,46 km. Sie war damit hinsichtlich der Streckenlänge die zweitkleinste Direktion; noch kleiner war nur das Netz der Direktion Berlin, die es zum gleichen Stichtag auf 562,69 km brachte.

Wie für Berlin galt auch für Essen, dass in diesen Fällen gerade wegen des vergleichsweise dichten Verkehrs bewusst Behörden mit einem nur kleinen Netz geschaffen worden waren. Im Falle der KED Berlin, die zum 31. Dezember 1894 noch 3.358,66 km Strecke umfasst hatte, waren im Zuge der Neuordnung praktisch alle Strecken außerhalb des weiteren Stadtbereichs an die Nachbardirektionen abgegeben worden. Für die Schaffung der zum 1. April 1895 überhaupt erst ins Leben gerufenen KED Essen lässt sich das Vorgehen grob vereinfacht so beschreiben, dass die (im Wesentlichen aus der Verwaltung der CME hervorgegangene) KED Köln rechtsrheinisch aufgelöst und aufgeteilt wurde, wobei der industriell geprägte Raum zur KED Essen kam, der ländlich strukturierte im Westen bzw. Norden zur ebenfalls neu geschaffenen KED Münster.

*Literatur: Albert Mühl, K.P.E.V*

## Der Erste Weltkrieg

Der Erste Weltkrieg brachte für die Eisenbahnen und Eisenbahner in Deutschland eine schwere Zeit. Mit der am 1. August 1914 verkündeten Mobilmachung gerieten die Bahngesellschaften unter den Einfluss der Kriegsmaschinerie. Bisher nicht gekannte Transporte von Menschen und Material waren an die Kriegsschauplätze zu leisten, der zivile Verkehr wurde drastisch zurückgedrängt. Infolgedessen gab es umfangreiche Verschiebungen im Lokomotiv- und Wagenbestand. Schon nach drei Monaten liefen in den im Westen besetzten Gebieten ca. 1.200 Lokomotiven unterschiedlichster Länderbahnen, die in der Heimat natürlich fehlten. Nach dem Winter 1916/1917 setzte die Obere Heeresleitung eine Kriegsbetriebsleitung ein, um den Betrieb der einzelnen Länderbahnen zu koordinieren. Damit war die Betriebsführung der Eisenbahnen zur Reichsangelegenheit geworden.

Der Krieg ging für Deutschland verloren, die Eisenbahnen wurden für umfangreiche Reparationsleistungen an die Siegermächte herangezogen. Tausende von Lokomotiven und Wagen, teils fabrikneu, mussten abgegeben werden. Diese Lücken wurden einerseits durch den Neubau von Fahrzeugen geschlossen, andererseits mussten ältere, eigentlich zur Abstellung vorgesehene Bauarten länger im Betrieb bleiben. Die Bahnanlagen waren auf Grund des Krieges stark vernachlässigt und zum Teil zerstört worden.

# Die Reichsbahn-Zeit

Aus den Erfahrungen des zurückliegenden Krieges folgerte die Regierung der Weimarer Republik, dass eine gemeinsame Betriebsführung für die Länderbahnen von Vorteil sei. Zugleich brach der alte Widerstand der Länder gegen ein dem Reich gehörendes Eisenbahnsystem zusammen. Waren früher die Überschüsse der staatlichen Eisenbahnen die wichtigste Einnahmequelle der Länder gewesen, so war von den maroden Bahnen nun nichts mehr zu erwarten. So schlossen sich zum 1. April 1920 folgende Länderbahnen zusammen: Preußisch-Hessische Staatsbahn, Badische Staatsbahn, Bayerische Staatsbahn (inkl. der Pfalzbahn), Mecklenburgische Friedrich-Franz Eisenbahn, Oldenburgische Staatsbahn, Sächsische Staatsbahn und Württembergische Staatsbahn.

Mitten im Wiederaufbau marschierten Anfang 1923 französische und belgische Truppen unter dem Vorwand, Deutschland sei mit Reparationsleistungen im Rückstand, ins Ruhrgebiet ein und nahmen sofort die wichtigsten Eisenbahnstrecken in ihre Gewalt. Auf die Besetzung reagierten die Eisenbahner mit passivem Widerstand, die Züge mit als Reparationsleistung bestimmten Kohlen wurden nicht befördert. Am 2. Februar 1923 zog die Reichsbahndirektion Essen aus dem besetzten Gebiet nach Hamm um.

# Drei Tage für sieben Kilometer

## Die Transportkrise im rheinisch-westfälischen Industriegebiet im Herbst 1912

Zu Beginn des 20. Jahrhunderts war das Eisenbahnsystem im Ruhrgebiet überlastet – eine Folge der Privatbahnzeit, in der bis 1880 ein zwar enges, aber schlecht geknüpftes Netz von letztlich unzureichender Leistungsfähigkeit entstanden war. Nach der Verstaatlichung hatte die K.P.E.V. dem nur unzureichend entgegengewirkt.

Derweil stieg die Förderung von Steinkohle im Ruhrrevier an, von 35,5 Mio. t im Jahre 1890 über 89,1 Mio. t im Jahre 1900 auf 114,2 Mio. t im Jahre 1913. Vor allem in den Herbstmonaten und in den Zeiten wirtschaftlichen Aufschwungs traten die geringe Leistungsfähigkeit der Bahnhöfe und die mangelhafte Wagengestellung klar zu Tage. Im Herbst 1912 kumulierten all diese Probleme in einer massiven Verkehrsstockung, von der das ganze Rhein-Ruhr-Gebiet betroffen war. Der Herbst 1912 markierte auch den Höhepunkt eines langen Wirtschaftsbooms, der seit Beginn des Jahrhunderts in den wirtschaftlich stark entwickelten Regionen Preußens in etwa eine Verdoppelung der Transportleistungen der Eisenbahnen gebracht hatte.

Es begann mit einer Betriebsstörung im Bahnhof Stolberg (KED Köln), die rasch um sich griff. Der gesamte aus dem Ruhrgebiet über den Verschiebebahnhof Hohenbudberg laufende Verkehr kam bald darauf zum Erliegen. Die Eisenbahnverwaltung verhängte eine Verkehrssperre (Annahme neuer Fracht), dennoch waren drei Tage nötig, um alle Wagen und Züge abzufahren, die sich in der unmittelbaren Umgebung aufgestaut hatten. Dieser Verkehrsstau löste eine Kettenreaktion aus, die sich auf die Direktionsbezirke Elberfeld und Essen ausbreitete. Die Zustände hielten über Wochen an: Die Bahnhöfe waren überfüllt, die Züge benötigten für kürzeste Strecken einen ganzen Tag, es mangelte an Güterzuglokomotiven und an Personal.

Im Heft 23 vom 15. Dezember 1912 der „Zeitschrift für Locomotivführer“, findet sich ein Bericht eines Zeitzeugen über die Auswirkungen der großen Verkehrsstockung. Der Autor ist anonym geblieben. Das ist verständlich, konnte doch den Lokomotivführern jede Form der Kritik zum Nachteil gereichen.
So schreibt der unbekannte Lokomotivbeamte:

*„Seit Wochen herrscht im rheinisch-westfälischen Industriegebiet eine Verkehrsstockung, wie sie bis dahin hier noch nicht beobachtet ist. ... Ist auf einer Station mal etwas Ordnung eingetreten, so dauert das sicher höchstens ein oder zwei Tage, dann flutet die Störung zurück. Von den Direktionsbezirken Posen, Kattowitz, Erfurt und Halle sind Fahrbeamte nach hier kommandiert, und heute, wo es vielleicht nicht mehr so sehr an Personalen mangelt, da fehlten die Maschinen. ... Die Maschinenstationen wissen kaum noch, wo ihre Lokomotiven stecken. Bald fahren die Führer mit einer Maschine der Station Dortmund oder Speldorf oder Bochum und Wanne, bald sind es Lokomotiven, welche zum Regierungsbezirk Cöln gehören, es wird genommen, was eben zur Stelle ist. Dieses kommt aber dadurch, daß die Personale auf einer Strecke von vielleicht 20 km Länge 15–18 Stunden unterwegs sind. Ist diese Zeit abgelaufen, so werden sie auf der nächsten Maschinenstation in irgend ein Hotel auf 8 Stunden einquartiert, und ein Personal, welches gerade ausgeruht, besteigt die Maschine, und fährt den Zug weiter, ganz gleich, wohin und wem die Maschine gehört.*

▶

*Die Verkehrs- und Maschinenämter geben sich alle mögliche Mühe, dirigieren Personale und Lokomotiven, und doch nutzt alles nichts, die Bahnhöfe sind vollgepfropft, die Züge liegen oft 6–8 Stunden vor den Bahnhofsabschlußsignalen und können nicht hereingenommen werden ...*

*Worin liegt nun die Ursache dieser großen Verkehrsstockungen? Einig sind wohl alle Sachverständigen darin, daß an Wagen- und Lokomotivpark in den letzten Jahren zu sehr gespart ist, Wagen und Lokomotiven fehlen an allen Ecken. Aber das ist die Ursache auch nicht allein; die Wagen können auch nicht verkehren, nicht ent- und wieder beladen werden, kommt es doch oft vor, daß ganze Wagenzüge 3–4 Tage auf ein totes Gleis geschoben werden und erst dann wieder in den Verkehr gebracht werden, wenn im Bahnhofe etwas Luft gemacht worden ist. Eine Ladung hatte so von Abgangsstation bis zur Empfangsstation, Entfernung 7 km, drei Tage gebraucht. Dieses dürfte hinlänglich beweisen, daß die Bahnhofsanlagen in den meisten Fällen nicht den Verkehrsanforderungen entsprechen. ...*

*Nach den amtlichen Angaben der Kgl. Eisenbahndirektion Essen fehlten im Ruhrbezirk im Monat August 3579 Wagen (auf 10 Tonnen Ladegewicht zurückgerechnet), im Monat September 24.092 und im Oktober 177.398 Wagen. Hieraus ergibt sich für die vergangenen drei Monate ein Ausfall von 205.069 Wagen und somit ein Verkehrsausfall von 2.050.690 Tonnen Kohlen. Es entspricht dies einem Verlust von über 20 Mill. Mark. ...*

*In den letzten 10 Jahren hatte, auf die Einheitsleistung von 100.000 Tonnenkilometern bezogen, sich das Personal der preußisch-hessischen Staatsbahnen um 16,06 % vermindert. In dem gleichen Zeitraum nahm die Länge der unterhaltenen Eisenbahnstrecken nur um 20 % zu, während die Steigerung der gesamten Güterbeförderung 70 % betrug. Die Eisenbahnverwaltung ist also gegenüber der Verkehrssteigerung um 50 % zurückgeblieben.*

*Der Bergbauverein in Essen hatte die Vertreter der Presse geladen und in einem einleitenden Vortrag kritisierte der Geschäftsführer Herr von Löwenstein die Lage ... Es liege klar zutage, daß ... einzelne Teile der Staatsbahn versagen. Nach der Zusammenkunft wurde eine Reihe von Zechenanlagen besucht, um den Anwesenden durch Augenschein zu zeigen, in welcher unglaublichen Weise die gesamte Industrie des Kohlenbezirks durch die unzureichenden Eisenbahnverhältnisse lahmgelegt wird.“*

Das preußische Abgeordnetenhaus bewilligte schließlich 60,9 Mio. Mark zur Herstellung neuer Aufstellungs- und Überholgleise, um zumindest kurzfristig die betrieblichen Engpässe beseitigen zu können. Bei der KED Essen wurde eine „Geschäftsführende Stelle für den Güterverkehr“ eingerichtet, um die Zu- und Abfuhrstrecken des rheinisch-westfälischen Industriegebietes wirksam und einheitlich beaufsichtigen und leiten zu können. An wichtigen Knotenpunkten installierte man Zugleitungen und ein Meldeverfahren zur Beobachtung des Verkehrs. Damit sollte künftig Verkehrsstörungen effektiv begegnet werden und die Verfügbarkeit von Lokomotiven und Personal sichergestellt sein.

Schließlich sollte die Zugbildung auf wenige leistungsstarke Verschiebebahnhöfe konzentriert werden. Ferngüterzüge sollten hier zerlegt und zu ihrem Bestimmungsort innerhalb des Ruhrgebietes gefahren werden, Nahgüterzüge aus dem Ruhrgebiet sollten hier aufgelöst und zu Ferngüterzügen zusammengestellt werden. Die Anlagen in Duisburg-Wedau, Hohenbudberg, Osterfeld-Süd, Wanne-Eickel, Bochum-Langendreer, Hagen-Vorhalle und Hamm (Westf.) wurden zu diesem Zwecke um- und ausgebaut.

*Markus Meinold*

*Quelle: N. N.: Verkehrsstockungen im rheinisch-westfälischen Industriegebiet; in: Zeitschrift für Locomotivführer, Heft 23, 15. Dezember 1912*

1932/33 wurde auf den Strecken Essen Hbf – Dortmund Hbf und Essen Hbf – Steele – Kupferdreh die erste Stufe des Ruhr-Schnellverkehrs (RSV) eingeführt. Die Loks, hier preußische P 8, trugen entsprechende Beschilderung. Die Fotos entstanden in Bochum Süd (oben) und im Essener Hauptbahnhof.

Hamm (Westf.) Bahnhof.
HAMM (WESTF)

Stahl, Kohle, Eisenbahn: Eine Lok der Baureihe 232 ist im Mai 2001 mit einem Güterzug zwischen Bochum-Präsident und Bochum Nord unterwegs, im Hintergrund der Förderturm des Bergbaumuseums. Auf den ersten Wagen hinter der Lok werden Schienen transportiert.

Linke Seite: Diese beiden Postkarten aus der Zeit um 1900 zeigen die Bahnhofsgebäude von Duisburg (unten) und Hamm, beide befinden sich in so genannter Insellage zwischen den Gleisfeldern.
Beim großen Gebäude rechts im Vordergrund der Duisburger Abbildung handelt es sich um das ehemalige Stationsgebäude der RE. Für den Personenverkehr war das Bauwerk im Hintergrund zuständig, welches aus den Bahnhöfen der CME und der BME hervorgegangen war. Erst mit dem Neubau des Duisburger Hauptbahnhofs in den dreißiger Jahren wurde diese unübersichtliche Situation aufgegeben. Hamm hatte schon bis 1920 ein neues Hauptbahnhofsgebäude erhalten, ebenso wie das neue Duisburger nun in Seitenlage.

Den Besatzern wurde bald deutlich, dass sie die Leitung des Eisenbahnverkehrs selbst übernehmen mussten, wenn überhaupt noch ein in ihrem Sinne sinnvoller Verkehr möglich sein sollte. Um den Überblick über das für Außenstehende kaum durchschaubare Bahnnetz des Reviers zu bewahren, stellten sie auf einigen als weniger wichtig erachteten Strecken den Betrieb ein. Auf anderen wurden Übergangsstationen mit Kontrollen der Reisenden an der Grenze zwischen besetztem und nicht besetztem Territorium eingerichtet. Anfang März 1923 wurde die „Régie des chemins de fer des territoires occupés Rhénans" (Leitung der Eisenbahnen in den besetzten rheinischen Gebieten) ins Leben gerufen, das Militär nahm passiven Widerstand leistende Reichseisenbahner fest oder wies sie ins unbesetzte Gebiet aus.

Die Régie besaß dabei nicht einmal genug Personal, um selbst die wichtigsten Strecken weiter zu betreiben, die zentrale Magistrale von Dortmund über Bochum nach Essen (sie diente schon damals im Wesentlichen dem Reiseverkehr) war so im Frühling und Sommer 1923 außer Betrieb. Erst im November 1923 wurde der Verkehr zwischen Régie und Reichsbahn vertraglich geregelt, nachdem am 26. September 1923 die Reichsregierung die Aufgabe des passiven Widerstand angeordnet hatte. Die erhofften Erfolge – deutlich mehr Kohlenabfuhr – blieben für die Besatzer aus. Im Spätsommer 1924 begannen Franzosen und Belgier, sich aus dem Ruhrgebiet zurückzuziehen, im November 1924 war auch die letzte Strecke an die Reichsbahn zurückgegeben.

## Die Reichsbahn-Gesellschaft

Mit gut einer Million Beschäftigter war die Deutsche Reichsbahn (DR) der größte Arbeitgeber der jungen Republik und galt als der größte Verkehrsbetrieb der Welt. 1924 erhielt die Reichsbahn eine neue Geschäftsgrundlage, indem sie in eine an privatwirtschaftliche Vorgaben orientierte Gesellschaft umgewandelt wurde. Ziel der Bahnreform von 1924 war es, Gewinne zu erwirtschaften, die wiederum zur Bedienung der Reparationsschulden eingesetzt wurden. Die Deutsche Reichsbahn-Gesellschaft (DRG) erhielt die Betriebsrechte an den Anlagewerten und wurde zu deren Instandhaltung und Weiterentwicklung verpflichtet, die Geschäftsführung wurde von einem Verwaltungsrat, dem keine Mitglieder der Regierung und der Parlamente angehören durften, verantwortet.

Schon Anfang der 1920er Jahre begann die Deutsche Reichsbahn damit, den Fahrzeugpark zu vereinheitlichen. Für vorhandene Lokomotiven und Wagen wurden die Werkstattaufenthalte genormt, zugleich ein Programm zur Beschaffung neuer und moderner Waggon- und Lokomotivbauarten, den so genannten Einheitslokomotiven, aufgestellt. Ab 1925 erschienen die ersten Maschinen neuester Bauart. Weiterhin versuchte die DRG, durch straffe Organisation und Ausbau der Strecken und Bahnanlagen den Gesamtbetrieb effektiver und damit wirtschaftlicher zu gestalten. Der Zwang zur Rationalisierung lag nicht nur in der Vorgabe begründet, Überschüsse zu erwirtschaften. Zugleich machte sich ein neuer Konkurrent bemerkbar, der kräftig am Verkehrsmonopol der Eisenbahn kratzte: das Auto, speziell der Lkw.

Die Deutsche Reichsbahn-Gesellschaft (DRG) existierte in dieser Form bis 1937, dann wurde sie von den Nationalsozialisten wieder unmittelbar ans Reich angebunden, sprich an die Kette der Regierung gelegt. Aus der DRG wurde wieder die Deutsche Reichsbahn, als ihr Symbol der bisherige Adler durch den Hakenkreuz-Adler abgelöst.

Wanne-Eickel hatte nicht nur einen der größten Rangierbahnhöfe des Ruhrgebiets, sondern auch die bedeutendste Stückgut-Umladeanlage. Von Hand wurden hier die Waren zwischen den Wagen verteilt oder auf den Lkw verladen. Inzwischen beherrscht Letzterer dieses Geschäft ganz allein.

Industrie-Romantik oder hässliche Monumente des Kohle- und Stahl-Zeitalters? Das Hüttenwerk Oberhausen (oben, 1971) und das Eisenwerk Gelsenkirchen (um 1960), beide an der CME-Stammstrecke gelegen, sind längst aus der Revier-Landschaft verschwunden.

Hauptbahnhof Wanne-Eickel gegen Ende der fünfziger Jahre. Dampflok, Signalbrücke und „Hampelmann“ (Zugzielanzeiger auf dem Bahnsteig) gehören einer längst abgeschlossenen Epoche der Eisenbahngeschichte an.

Preußische Lokomotivtypen gehörten bis weit in die sechziger Jahre zum alltäglichen Bild der Eisenbahn im Ruhrgebiet. Die T 16.1 (BR 94.5) rangiert im Dortmunder Verschiebebahnhof, die G 8.1 (BR 55.25), über Jahrzehnte das typische „Arbeitspferd" an Rhein und Ruhr, wurde im Rangierbahnhof Hamm aufgenommen.

Zwei Aufnahmen aus dem Essener Hauptbahnhof vom Sommer 1953. Die 03 104 trägt noch die großen Windleitbleche der Reichsbahnzeit. Rechts im Hintergrund entsteht soeben die neue Bahnsteigüberdachung, welche an die Stelle der im Zweiten Weltkrieg zerstörten Bahnsteighalle trat. Die Treppenüberdachung neben 01 090 im unteren Foto ist noch provisorischer Natur.

Die Bundesbahn wird moderner – und bunter: Ein TEE für den komfortbewussten und zahlungskräftigen Fernreisenden im Hauptbahnhof Essen (oben, 1968) und ein ET 30 für den schnellen Regionalverkehr im neuen Hauptbahnhof Bochum Ende der fünfziger Jahre.

Auch Dampfloks gehörten im neuen Bochumer Hauptbahnhof noch lange zum täglichen Bild. 03 140 hat eine bunte Mischung alter Personenzugwagen am Haken, während 78 219 offenbar aufgemöbeltes Material, nämlich Umbau-Wagen, aus dem Hauptbahnhof Wanne-Eickel zieht. Beide Fotos entstanden Ende der fünfziger Jahre.

Erz für die Henrichshütte: Zwei Loks der Baureihe 50 schleppen Rohstoff durch Hattingen (um 1955).

## Schnellbahn-Verkehr im Ruhrgebiet

Für das Ruhrgebiet war der Nahverkehr im Ballungsraum inzwischen zu einem gewichtigen Thema geworden. Immer mehr Arbeiter nutzten die Bahn, um von ihren Wohnorten zu den Arbeitsstätten zu gelangen. Schon im Jahre 1909 hatte die Rheinisch-Westfälische Electrizitätsgesellschaft (RWE) Pläne für ein künftiges Schnellbahnsystem im Ruhrgebiet vorgestellt, ein System, das unabhängig von der als zu schwerfällig empfundenen Staatsbahn sein sollte. 1926 erteilte der Staat die Konzession für den Bau einer ersten Strecke von Essen über Gelsenkirchen und Bochum nach Dortmund. Vorgesehen waren elektrische Schnelltriebwagen, die Streckenführung sollte teilweise unterirdisch durch die Innenstädte erfolgen. Der Einspruch des Ruhrbergbaus und der DRG verhinderte jedoch die Ausführung, der Bergbau sah große Probleme in der Linienführung durch Tunnels in den Bergsenkungsgebieten, die Reichsbahn fürchtete um ihr Monopol.

Die DRG erklärte sich aber schließlich bereit, ein modernes, mit Dampflokomotiven betriebenes Schnellverkehrsnetz aufzubauen. Ab 1932 wurde auf den Strecken von Essen Hbf nach Dortmund Hbf und von Essen Hbf über Steele Hbf nach Kupferdreh mit dem Ruhr-Schnellverkehr (RSV) ein S-Bahn-ähnlicher Taktverkehr eingeführt. Die Bevölkerung nahm dieses zuschlagfreie Angebot gut an, und am 1. Februar 1933 wurde der RSV offiziell

Noch ein Winterbild von der Ruhrtalbahn: Eine preußische P 8 (BR 38.10) fährt mit einem Umbauwagen-Zug am Rangierbahnhof Bochum-Dahlhausen entlang in Richtung Steele.

eröffnet. Die Reisegeschwindigkeit konnte mit diesen Zügen um ca. 50 Prozent gegenüber normalen Personenzügen angehoben werden. Erreicht wurde dies durch einen sehr straffen Fahrplan mit extrem kurzen Aufenthaltszeiten an den Bahnhöfen. Ferner wurden keine Gepäckwagen mitgeführt, um Zeitverluste durch das Ein- und Ausladen von Gepäck erst gar nicht entstehen zu lassen. Die Züge waren aus drei bis vier vierachsigen Abteilwagen gebildet. Die damit relativ leichten Einheiten erzielten mit leistungsstarken Dampflokomotiven gute Beschleunigungswerte und erreichten D-Zug-Reisegeschwindigkeiten. Teilweise wurden für diesen Schnellverkehr separate Gleise neben den vorhandenen Hauptstrecken neu bereitgestellt. Neben den Dampfzügen kamen auch Akku- sowie Dieseltriebwagen zum Einsatz. Ein Teil der Abteilwagen sowie alle Triebwagen erhielten eine attraktive Zweifarbenlackierung, um den besonderen Charakter dieser Züge hervorzuheben.

In den folgenden Jahren wurde der RSV ausgedehnt, hinzu kamen die Strecken von Essen Hbf nach Düsseldorf Hbf über Kettwig, Essen Hbf – Duisburg, Duisburg Hbf – Dortmund Hbf über Oberhausen und Wanne-Eickel, die Linie nach Kupferdreh wurde bis Vohwinkel verlängert. Später wurden Krefeld, Hamm und Hagen weitere Endpunkte. Mit Recht kann der RSV als Vorläufer des heutigen S-Bahn-Angebots im Rhein-Ruhr-Gebiet angesehen werden.

Der TEE „Rheingold", eingeführt 1928, war wohl der prominenteste Zug des Ruhrgebiets, auch wenn er dieses auf der Route Oberhausen – Düsseldorf nur streifte. Das Foto oben zeigt ihn im Juni 1967 beim Zwischenstopp im Duisburger Hauptbahnhof. Damals fand hier ein Austausch von Kurswagen des „Rheingold" (Amsterdam – Genf) und des „Rheinpfeil" (Dortmund – München) statt.

Rechte Seite:
Während der ET 30 (später: BR 430) zu dem Regional- und Nahverkehrs-Triebzug im Ruhrgebiet schlechthin avancierte, blieb die modernere, für den S-Bahnverkehr entwickelte Baureihe 420 hier eher eine Randerscheinung. Das Foto auf der rechten Seite oben zeigt 430 117 auf dem Ruhrviadukt in Witten (Februar 1983); die Strecke wird regulär heute nur noch von Güterzügen befahren. Im Foto darunter rollen 420 134 und 184 vereint über die Ruhrbrücke nahe der Station Kettwig-Stausee im Zuge der S6 Essen – Düsseldorf (April 1981). Hinter der Brücke gab es bis zum Zweiten Weltkrieg eine weitere, die zur Ruhrtalbahn Mülheim-Styrum – Kettwig – Essen-Werden – Essen-Kupferdreh – Bochum-Dahlhausen gehörte.

Von den Neubau-Dampflokomotiven der Baureihe 65 erhielt das Bw Essen Hbf fabrikneu mehrere Exemplare. Die Maschinen wurden vorrangig im Wendezugdienst eingesetzt. Hier sehen wir eine solche Garnitur auf der Verbindung Düsseldorf – Essen bei Werden Anfang der 1960er Jahre.

## Modernisierung im Güter- und Fernverkehr

Die Montanindustrie im Ruhrgebiet sowie Kohlenexporte in viele Teile des Reiches und ins Ausland bescherten dem Ruhrgebiet ein überdurchschnittliches Güteraufkommen und ein weit verzweigtes Streckennetz, um die vielen Verladestationen, Güterbahnhöfe und Industrieanschlüsse bedienen zu können. Die hohe Bevölkerungsdichte andererseits erforderte aber auch die Zufuhr von Rohstoffen und Lebensmitteln in hohem Maße. Beinahe jede größere Stadt hatte einen Verschiebebahnhof zum Zusammenstellen oder Auflösen der Züge und ein Bahnbetriebswerk für die Wartung und Vorbereitung der Lokomotiven. Mit der Indienststellung von neuen, schneller fahrenden Dampflokomotiven für den Güterverkehr, hoffte die Reichsbahn die Leistungsfähigkeit der Strecken erhöhen und damit auch die Grundgeschwindigkeit der Reisezüge steigern zu können. Dazu war selbstverständlich auch die Beschaffung moderner Wagenbauarten im Güter- wie im Personenverkehr vonnöten; damals kamen zum Beispiel die Großraum-Schüttgüterwagen, wie sie in ähnlicher Form noch heute im Kohle- und Erzverkehr eingesetzt werden, und die Ganzstahl-Reisezugwagen auf. Alles in allem muss man aber festhalten, dass die Modernisierung von Strecken und Fahrzeugen der Reichsbahn längst nicht im erforderlichen Maße geschah. Nach wie vor bestimmten in den dreißiger- und vierziger Jahren auch im Ruhrgebiet alte Maschinen aus

Nachkriegsszenen an noch gezeichneten Bahnsteigen. In Bochum schenkte man sich angesichts des bevorstehenden Bahnhofsneubaus eine Dachreparatur. Um Erfahrungen für einen zukünftigen Nahverkehr zu sammeln, setzte die junge Bundesbahn zwischen Essen und Düsseldorf versuchsweise eine Doppeldecker-Garnitur der ehemaligen Lübeck-Büchener Eisenbahn ein (oben).

Das beste Pferd im Stall der späten Bundesbahn war die Baureihe 103, die mit den Intercity-Zügen rund 25 Jahre lang Sinnbild des Fernreiseverkehrs auf Schienen war. Hier sehen wir diese Kombination zweimal in Dortmund: Das Foto oben führt uns an die Schnettkerbrücke am ehemaligen Bahnhof Dortmunderfeld und zeigt 103 224 mit IC 613 auf der Fahrt in Richtung Hagen (Oktober 1982), auf der Seite rechts werfen wir einen Blick in den Betriebsbahnhof Dortmund (Spähenfelde), wo außer dem IC auch der TUI-Ferienexpress auf neue Aufgaben wartet (Januar 1989).

Als der Fotograf der Bundesbahndirektion Essen im Juni 1962 den TEE „Parsifal" Hamburg – Paris vor der Kulisse der Zeche Dahlbusch in Gelsenkirchen-Rotthausen aufnahm, hing hier bereits die Fahrleitung. Außerhalb des Reviers reichte der Fahrdraht allerdings noch nicht bis Norden, Hamburg kann vom Ruhrgebiet aus erst seit 1968 elektrisch angefahren werden.

preußischer Zeit das Bild der Bahn. Die NS-Machthaber investierten lieber in andere Dinge, vor allem Rüstungsgüter. Das Verkehrsmittel der Zukunft war in ihren Augen das Automobil, nicht die Bahn. Erst als der 1939 entfesselte Zweite Weltkrieg, speziell der Ostfeldzug, die mangelhafte Leistungsfähigkeit der deutschen Bahn deutlich machte, wurden neue Lokomotiven in großem Stil geordert.

Dennoch gilt die Reichsbahn-Epoche heute vielen Eisenbahnfreunden als eine große Zeit. Nicht zuletzt einige wenige Spitzenleistungen, die mit großem Aufwand propagiert wurden, sind dafür verantwortlich. Und in der Tat, das Fernverkehrsangebot konnte sich sehen lassen. Zu fast allen Hauptstädten der benachbarten Staaten sowie zur Reichshauptstadt Berlin bestanden direkte Schnellzugverbindungen. Andere wichtige Städte im Reich waren ebenfalls über direkte- oder Kurswagenverbindungen erreichbar. Für das besonders betuchte Publikum fuhren luxuriöse Züge. Ab 1928 schon verband der legendäre Rheingold auf dem Laufweg Amsterdam – Basel über Köln und Mannheim die Niederlande mit der Schweiz, der längste Teil der Strecke führte über deutsches Gebiet. Das Ruhrgebiet wurde mit Halten in Oberhausen und Duisburg tangiert.

Ebenfalls Anfang der Sechziger entstand dieses DB-Pressefoto, und zwar bei Wanne-Eickel. Die E 10 mit ihrem aus 26,4-m-Wagen gebildeten D-Zug repräsentierte damals das Top-Angebot der Bundesbahn unterhalb der TEE und der ebenfalls nur die erste Wagenklasse führenden F-Züge. TEE und F-Züge gingen dann schrittweise im zunächst ja auch rein erstklassigen IC-System der DB auf, später auch der D-Zug.

Den Höhepunkt der Entwicklung vor dem Zweiten Weltkrieg bildete das Netz der so genannten Fliegenden Züge. Das waren moderne Diesel-Schnelltriebwagen, die die großen Städte mit der Reichshauptstadt (und zum Teil auch untereinander) in so genannten Tagesrandverbindungen verknüpften. Im Sommer 1935 wurde mit dem Fliegenden Kölner (Köln – Essen/Wuppertal – Hamm – Berlin) auch das Ruhrgebiet in dieses System eingebunden, im Herbst 1935 kam die Route Köln – Essen – Hamburg hinzu. Mit Ausbruch des Zweiten Weltkriegs wurde der Schnelltriebwagen-Verkehr, der Stolz der Reichsbahn, eingestellt, der knappe Dieselkraftstoff wurde nun für Panzer und Lkw benötigt.

## Der Zweite Weltkrieg

Der Zweite Weltkrieg forderte den deutschen Eisenbahnen noch mehr ab, als es rund zwanzig Jahre zuvor der Erste Weltkrieg getan hatte. Ein bisher nie gekanntes Transportvolumen war zu bewältigen, für die Eisenbahn entwickelte sich der Krieg vor allem ab 1941 zu einer wahren Materialschlacht. Abertausende Lokomotiven, Wagen und auch Eisenbahn-

Drei Bergwerke, die Geschichte sind: Das Foto oben führt uns nach Oberaden an der Güterzugstrecke Hamm – Oberhausen-Osterfeld, im Hintergrund das Bergwerk Haus Aden (August 1999). Das Fördergerüst am rechten Bildrand ist am 3. Juli 2005 gesprengt worden, das andere bleibt mitsamt dem Schacht erhalten; Kohle wird hier aber nicht mehr gefördert, dafür ist das zum gleichen Verbund (Bergwerk Ost der DSK) gehörende Bergwerk Heinrich Robert in Hamm-Pelkum zuständig.

Die beiden Fotos auf der Seite rechts dokumentieren Abschiedsveranstaltungen für Eisenbahnfreunde: So ließ man es im September 2000 auf Zeche Westfalen in Ahlen noch einmal kräftig dampfen, am 18. Dezember 1993 fand Ähnliches auf der Zeche Consolidation in Gelsenkirchen statt. Das Wetter war jeweils dem traurigen Anlass angepasst.

personal mussten auf höheren Befehl ihre Heimat verlassen – viele kamen nie mehr zurück. Die Lücken in der Heimat schlossen Zwangsarbeiter und erbeutete oder beschlagnahmte Fahrzeuge, die Verantwortlichen des Reichsverkehrsministeriums sprachen offiziell von „Mietlokomotiven". So gelangten vornehmlich belgische und französische Lokomotiven zum Dienst ins Ruhrgebiet. Viele von diesen waren alte Bekannte deutscher Bauart, die nach dem Ersten Weltkrieg von Deutschland als Reparationsleistung an die westlichen Nachbarn abgegeben worden waren. Nun kehrten sie mit eher zweifelhaftem Glück wieder zurück.

Die Lücken beim Betriebspersonal stopften daheim gebliebene Männer, aber auch Frauen und später Kinder. Zwangsarbeiter aus den besetzten Gebieten wurden u. a. im Gleisbau und im Fahrdienst eingesetzt. Nicht selten mussten die Lokomotivführer mit französischen oder belgischen Heizern fahren, um Verständigungsprobleme kümmerte sich niemand. Die Machthaber missbrauchten ohne Rücksicht auf Mensch und Material das hoch entwickelte Verkehrsmittel Eisenbahn für ihre verwerflichen Zwecke. Der zivile Reiseverkehr kam mehr und mehr zum Erliegen, „Räder müssen rollen für den Sieg" lautete nun die Parole. Und je länger der Krieg dauerte, desto klarer wurde, dass die Zeit der kurzen, schnellen Feldzüge vorbei war. Jetzt erst wurden tausende neuer Lokomotiven gebaut, um dauerhaft den Nachschub für die Fronten und für die aufgeblähte Wirtschaft sicherstellen zu können.

Auch die Gegner erkannten nach einiger Zeit die herausragende Bedeutung der Eisenbahn für die Kriegsführung. Der Luftkrieg der alliierten Streitkräfte mit ihren Bombenteppichen richtete nicht zuletzt unter Bahn- und Industrieanlagen gewaltige Verwüstungen an. Die Waffenschmieden im Ruhrgebiet waren erstes Ziel, weiterhin sollte das Zu- und Abfahren von Gütern ins bzw. aus dem Ruhrgebiet über die Schiene wirksam verhindert werden. Gezielt wurden auch fahrende Züge von Tieffliegern beschossen, so dass diese oft auf freier Strecke liegen blieben und damit die Strecke blockierten.

Während dieses Krieges fuhr die Eisenbahn mit Menschen vollgestopfte Züge in die Vernichtungslager. Der Transport der Menschen in den sicheren Tod gilt als dunkelstes Kapitel der deutschen Eisenbahngeschichte, welches erst im Mai 1945 mit Kriegsende vorbei war.

Als größter Rangierbahnhof Europas musste Hamm im Zweiten Weltkrieg zahlreiche schwere Luftangriffe erdulden. Die Fotos auf dieser Seite entstanden unmittelbar nach dem Angriff vom 22. April 1944. Dem imposanten Reiterstellwerk sind im Wortsinne die Beine unter dem Körper weggerissen worden.

Dieselloks im Montanverkehr: 221 114 ist im Februar 1983 mit einem langen Kokszug bei Oberhausen-Borbeck unterwegs, V 60 728 bringt drei leere Flüssigeisen-Wagen von Witten (Foto) nach Hattingen.

Rechte Seite: Die einst so stolze V 200.1 musste sich ihr Gnadenbrot im Ruhrgebiet verdienen. Oben ist 221 127 am 24. Januar 1983 in Dortmund-Mengede zu sehen, ihr Job war an diesem Tag die Belieferung des Kohlekraftwerks Bodelschwingh. Im unteren Bild hat 221 116 am 25. Mai 1982 einen Torpedopfannenwagen mit Flüssigeisen am Haken, der von Duisburg zum Schalker Verein gebracht werden will.

DB
221127-4
261 810-6

# Mit der Bundesbahn in die Gegenwart

Am 24. April 1945 wurde der Eisenbahnfahrbetrieb im Ruhrgebiet eingestellt. Etwa 40 Prozent aller baulichen Eisenbahnanlagen waren hier zerstört, rund 3.700 km Gleise nicht mehr befahrbar, etwa 123.000 Wagen unbrauchbar. Aber Amerikaner und Briten förderten die schnelle Wiederaufnahme des Eisenbahnbetriebes, einerseits für eigene Truppen- und Materialtransporte, andererseits um die hungernde Bevölkerung mit Nahrungsmitteln versorgen zu können. Unter der britischen Besatzung fuhren wenige Wochen nach Einstellung des Betriebes wieder die ersten Züge. Nahezu Übermenschliches wurde beim Wiederaufbau der zerstörten Wohnungen, Fabriken und Verkehrsanlagen geleistet, vor allem wenn man die desolate Ernährungslage und Wohnungssituation sowie die Materialknappheit der ersten Nachkriegsjahre berücksichtigt.

Der Nachkriegs-Eisenbahnbetrieb im Ruhrgebiet wurde zunächst von der als Provisorium eingerichteten Reichsbahn-Generaldirektion in Bielefeld verwaltet. Am 7. September 1949 trat im vereinigten Wirtschaftsgebiet die Deutsche Bundesbahn (DB) die Nachfolge der Deutschen Reichsbahn an. Die unter sowjetischer Verwaltung stehende Zone behielt die Bezeichnung Deutsche Reichsbahn bei, für 45 Jahre gab es nun zwei getrennt voneinander operierende Staatsbahnen im geteilten Nachkriegs-Deutschland.

Mit dem 7. September 1949 nahm auch die Bundesbahndirektion Essen ihre Arbeit auf. Den Eisenbahnern gelang es binnen weniger Jahre, die Trümmer zu beseitigen und die Bahnanlagen wieder aufzubauen und in Betrieb zu nehmen. Private Industrieunternehmen setzten zusammen mit den bahneigenen Ausbesserungswerken Lokomotiven und Wagen instand, die Deutsche Bundesbahn startete ein Neubauprogramm für Dampf-, Diesel- und Elektrotriebfahrzeuge. Der Güter- und Personenwagenpark wurde ebenfalls mit Neu- und Umbauten modernisiert.

Die politische Bindung an den Westen und die Verflechtung mit der Weltwirtschaft erleichtern der Bundesrepublik in den fünfziger Jahren den raschen wirtschaftlichen Wiederaufstieg. Gewerbe, Industrie und Handel blühen auf. Während die Produktions- und Exportdaten rasant steigen, sinkt die Zahl der Arbeitslosen 1961 gegen Null, das Wort der Stunde heißt Vollbeschäftigung. In Südeuropa werden Gastarbeiter angeworben, für die zunächst Sonderzüge, bald aber auch feste Zugläufe wie Dortmund – Rimini/Pesaro angeboten werden. Für breite Schichten der Bevölkerung verbessern sich die Lebensverhältnisse dank erheblicher Lohnzuwächse und einer aktiven staatlichen Sozialpolitik. Eine Urlaubsreise wird zum erschwinglichen Freizeitvergnügen. Von den Anfängen des Massentourismus werden zunächst die inländischen Ferienorte erfasst. Die Bundesbahn sowie zahlreiche Unternehmen wie Scharnow, Hummel oder Touropa reagieren darauf mit dem Angebot spezieller Liegewagenzüge aus modernem Wagenmaterial, die aus den Ballungsräumen in Richtung Süden fahren.

Die zunehmende Motorisierung, ein typisches Merkmal des Wirtschaftswunders, fördert nicht nur den Drang zu touristischen Fernzielen, sondern auch den Trend zur Individualreise.

Zwei Eindrücke von der alten Köln-Mindener Stammstrecke. Im Bild unten rollt eine 01 mit Neubaukessel durch Gelsenkirchen (um 1960), das Foto oben zeigt den Bahnhof Wanne-Eickel um 1980. Neben den Bahnsteigen erkennt man die riesigen Stückguthallen, in Bildmitte die Reste des schon dachlosen Güterzuglok-Bahnbetriebswerks mit der Schiebebühne. Der ETA-Schuppen lag links unterhalb der Bahnsteige, der Ringlokschuppen für die Personenzugloks im Bereich des linken oberen Bildrandes.

ETA
A
ETA
A

Moderne Zeiten: Im Januar 1979 sehen die neuen 111 123 und 135 im Essener Hauptbahnhof dem Beginn ihres Einsatzes bei der S-Bahn Rhein-Ruhr (oben) entgegen. Heute sind die 111er vor allem vor RE-Zügen anzutreffen, nicht mehr im S-Bahn-Dienst.

Linke Seite: Auch ein Stück Eisenbahn-Romantik des Reviers: die Akku-Triebwagen. Im Bild oben surrt 515 600 am bekannten Blumen-Stellwerk in Gladbeck-Zweckel vorbei (Juli 1983), das Foto unten entstand vor den Resten des Bw Oberhausen Hbf im März 1994. Im September 1995 endete der Einsatz der ETA im Ruhrgebiet und damit bei der gesamten DB.

Am Heißener Berg zwischen Mülheim und Essen lagen seit jeher die Gleispaare der alten BME-Magistrale Duisburg – Essen – Dortmund und der „Rheinischen Güterbahn“ Mülheim – Essen-Nord – Dortmund direkt nebeneinander. Für die S-Bahn kam in den Siebzigern noch ein drittes Gleispaar hinzu. Seit 2002 ist das Paar der Güterbahn stillgelegt. Der von einer Schnellzuglok der Baureihe 01 geführte Zug rollt in Richtung Mülheim den Heißener Berg hinab.

Die F-Züge waren das Top-Angebot im Fernreiseverkehr der jungen DB. Vor den Zügen kamen zu Dampfzeiten häufig die – inzwischen ihrer Stromlinienverkleidung beraubten – Dreizylinderloks der Baureihe 03.10 des Bw Dortmund Bbf zum Einsatz.

## F-Zug, Intercity und ICE

Neue Angebote hält die Bundesbahn auch für Geschäftsreisende bereit. In Anlehnung an die Angebote der Reichsbahn in der Vorkriegszeit wird ab 1948/49 ein Netz von leichten Fernschnellzügen und Diesel-Schnelltriebwagen aufgebaut, das so genannte F-Zug-Netz. Angesichts der Teilung Deutschlands steht natürlich nicht mehr die Verbindung mit Berlin

„Nackt" präsentierten sich nach dem Zweiten Weltkrieg auch die drei legendären Schnellfahr-Loks der Baureihe 05, welche bis Ende der fünfziger Jahre vom Bw Hamm aus eingesetzt wurden.

Im Stil der frühen sechziger Jahre: vier Bilder vom Hauptbahnhof Hamm. Bahnsteigsperren, Schauvitrinen, Drängeltische und „Fahrkartenschalter“ sind heute obsolet, ebenso das örtliche Kloster-Pilsener. Friseure braucht man auch im 21. Jahrhundert schon noch ...

Eine neue Qualität des Nahverkehrs brachte ab Sommer 1957 der ET 30 auf die soeben elektrifizierte Magistrale Düsseldorf – Duisburg – Essen – Wattenscheid/Steele – Bochum – Dortmund. Die Köln-Mindener Route über Gelsenkirchen und Wanne-Eickel kann seit Beginn des Sommerfahrplans 1961 elektrisch befahren werden. Die Fotos entstanden in Bochum Hbf (links) und in Essen.

im Mittelpunkt. Die Verkehrsströme haben sich von Ost-West- auf Nord-Süd gedreht, im Brennpunkt des Eisenbahn-Fernverkehrs steht nun die so genannte Rheinschiene, also die Verbindung des Ballungsraumes Rhein-Ruhr mit dem Rhein-Main-Gebiet sowie Süddeutschland. Dortmund wird dabei Ausgangs- und Zielpunkt zahlreicher dieser Züge.

Im internationalen Verkehr beteiligt sich die Bundesbahn ab 1957 mit neuen Fahrzeugen am Netz der Trans-Europ-Express-Züge (TEE), auch hier spielt innerhalb Deutschlands das Ruhrgebiet als größter Ballungsraum und wirtschaftliches Zentrum eine große Rolle.

F-Zug und TEE sind Vorläufer des zunächst rein erstklassigen Intercity-Netzes, mit dem die Bundesbahn 1971 unter dem Slogan „Deutschland im Zwei-Stunden-Takt“ ein weltweit beachtetes neues Fernverkehrssystem einführt. Als einer von fünf Knotenbahnhöfen dieses Ur-IC-Systems nimmt Dortmund sofort eine herausragende Stellung ein, die die Stadt bis heute behaupten kann. Bis Ende der siebziger Jahre wird das IC-System zu einem zweiklassigen Angebot umgebaut, die Züge fahren nun im Stundentakt und bald noch häufiger, nach wie vor ist die „Rheinschiene“, also der Strang Dortmund – Essen – Düsseldorf – Köln – Rhein/Main, das Kernstück des deutschen Eisenbahn-Fernreiseverkehrs. Mitte der neunziger Jahre erscheint dann auch der ICE regelmäßig auf den Schienen des Reviers, zunächst nur auf der Route Köln – Dortmund – Hannover – Berlin, bald darauf in vielen anderen Richtungen. Heute ist er längst das Kernstück der Angebote des DB-Fernverkehrs.

In den Sechzigern herrschte noch ein riesiger Andrang von Schaulustigen, wenn die Bundesbahn zur Eröffnung rief. Das Foto oben entstand in Wanne-Eickel aus dem Führerstand des ET 30, der am 28. Mai 1961 als Eröffnungszug für den E-Betrieb fuhr. Das Foto unten zeigt das Getümmel anlässlich der Inbetriebnahme der so genannten V9-Strecke Gelsenkirchen Buer-Nord – Marl, Abzw. Lippe (– Haltern), die seit dem 29. September 1968 im Planbetrieb steht und einer der jüngsten Streckenneubauten im Revier ist.

# Eisenbahn und Kohle Mitte der fünfziger Jahre

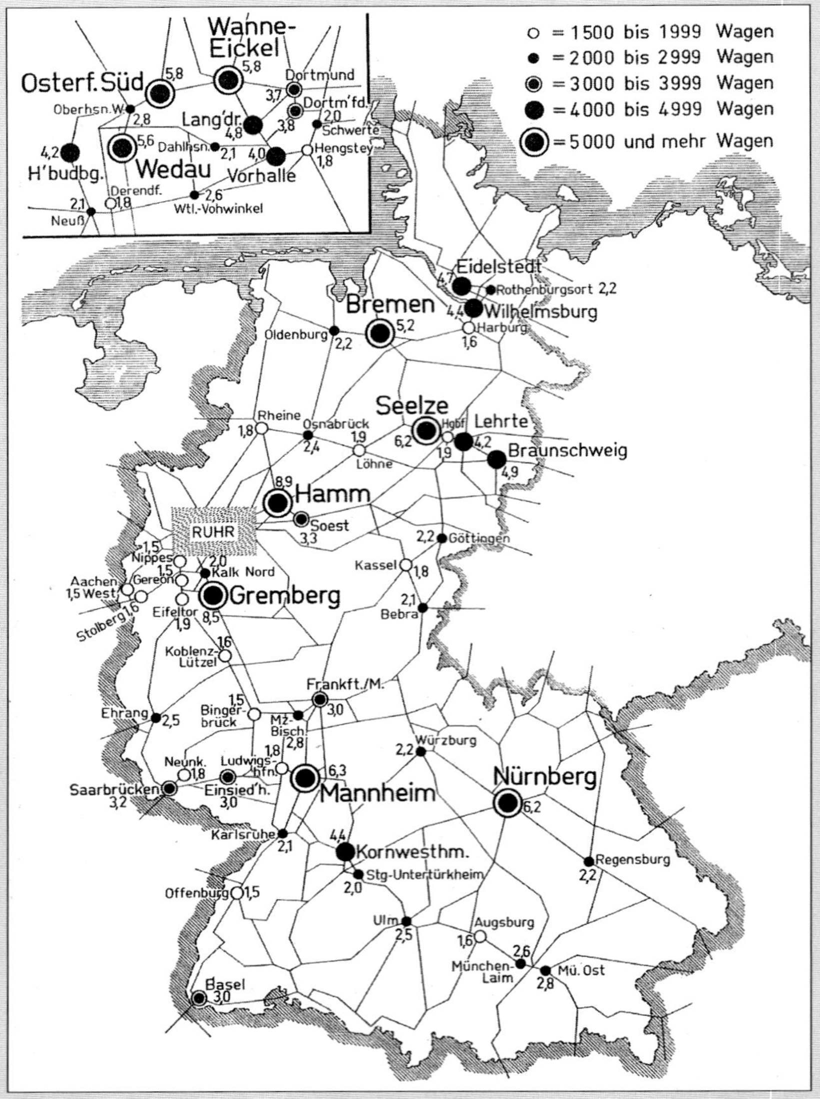


Schwerpunkt Ruhrgebiet: Die Rangierbahnhöfe der DB im Jahr 1957.

Ziemlich genau 150 Mio. Tonnen Steinkohle – davon 123 Mio. im Ruhrgebiet – förderten die deutschen Zechen im Jahre 1957, gut 400.000 Tonnen pro Tag; heute (2007) sind es noch rund 20 Mio. Tonnen. Dabei befanden sich die Standorte der Bergwerke im

Wesentlichen auf einem nur rund 20 km breiten Streifen, der sich von Duisburg bis Hamm hinzog. Dieser Bereich wurde im Schienengüterverkehr vornehmlich erschlossen durch die Köln-Mindener Stammstrecke, die Emschertalbahn sowie im Westen von der Güterzugstrecke Hamm – Osterfeld. Man kann sich unschwer ausmalen, welche Bedeutung die Kohlenabfuhr Mitte der fünfziger Jahre für die Eisenbahn hatte: Wäre nur jede zweite Tonne Kohle auf die Eisenbahn verladen worden, so hätte das tagtäglich 200 Züge mit 1000 Tonnen Nettolast ausgemacht.

Von damals 138 fördernden Zechen sind bis 2007 nur noch acht Bergwerke übrig geblieben, davon sechs im Bereich des Regionalverbandes Ruhr: Bergwerk Ost (Hamm), Auguste Viktoria/Blumenthal (Marl), Bergwerk Lippe (Dorsten/Gelsenkirchen), Prosper-Haniel (Bottrop), Niederrhein (Walsum) und Bergwerk West (Moers/Kamp-Lintfort). Hinzu kommen heute noch ein Bergwerk im nördlichen Westfalen (Ibbenbüren) und eines an der Saar.

Insgesamt knapp 8,2 Millionen Güterwagen wurden 1957 Empfängern oder Verladern – also Zechen, Stahlwerken oder auch anderen Betrieben – im Bereich der Bundesbahndirektion Essen zugestellt und wieder abgeholt, das waren über 18 Prozent der gesamten entsprechenden Leistung im Bundesbahnbereich (44 Mio. Wagen). Dabei umfasste die Bundesbahndirektion Essen damals mit 1466 km Strecke nur rund 4,8 Prozent der sich auf 30.450 km belaufenden gesamten DB-Betriebslänge (ohne BD Saarbrücken). Mit anderen Worten: In der Bundesbahndirektion Essen, die nicht einmal ein Zwanzigstel der DB-Strecken umfasste, wurde Mitte der fünfziger Jahre fast ein Fünftel der Güterwagengestellung der Bundesbahn geleistet.

Diese außerordentliche Ballung spiegelt sich auch in folgender Relation wider: Zum 1. Januar 1957 verfügte die Bundesbahn über 12.923 km Privatgleisanschlüsse. Davon lag ein Drittel, nämlich 4345 km, im Bereich der BD Essen.

Während kleinere Betriebe per Privatgleisanschluss mit dem Netz der Bundesbahn verknüpft waren, verfügen Industrie-Riesen damals wie heute zusätzlich über eigene Werksbahnen. Über einige der damals größten gibt folgende Übersicht Aufschluss: Dem Gemeinschaftsbetrieb Eisenbahn und Häfen (damals für Thyssen und Phönix Rheinrohr) wurden 1957 von der Bundesbahn 505.028 Wagen zugestellt und beladen wieder abgeholt (Eisenbahn und Häfen verfügten damals über 508 km Gleise und 136 Loks), den Hüttenwerken Oberhausen AG und Bergbau Neue Hoffnung (260 km Gleise, 54 Loks) brachte die Bundesbahn 1957 genau 349.341 Wagen, der Westfalenhütte Dortmund (147 km Gleise, 44 Loks) 228.873 Wagen und – letztes Beispiel – dem Bochumer Verein (128 km Gleislänge, 37 Loks) insgesamt 133.359 Wagen. (Mehr zum Thema Zechenbahnen lesen Sie im speziellen Kapitel ab Seite 126.)

*Quellen:*
- *Presseinformationen der DSK (www.dsk.de)*
- *Walter Völker, Betriebsführung ...*

Die sechsachsige V 300 001 wurde 1962 von der DB übernommen und zuvor vom Bw Hamm, wo auch dieses Foto entstand, im Einsatz erprobt. Für Dieselloks dieser Größe zeichnete sich aber letztlich kein Bedarf ab, da die wichtigsten Magistralen letztlich auch in Norddeutschland – anders als noch in den frühen Sechzigern geplant – elektrifiziert wurden.

## Das S-Bahnnetz im Ruhrgebiet entsteht

Im Ballungsraum Ruhrgebiet spielte der Nahverkehr stets eine große Rolle im Eisenbahnwesen. Mit dem Ruhr-Schnellverkehr (RSV) hatte die Deutsche Reichsbahn wie gesehen ein leistungsfähiges Schnellverkehrsnetz geschaffen, in dem die Züge nach einem festen Taktfahrplan verkehrten und wo auch Anschlussverbindungen auf weniger frequentierten Strecken bestanden. Nach Ausbruch des Zweiten Weltkrieges war der geregelte Personenverkehr schnell zum Erliegen gekommen, vorrangig waren Truppen- und Materialtransporte für Wehrmacht und Rüstungsindustrie zu fahren. In der Nachkriegszeit rief die junge Bundesbahn ein mit „Nah-Schnellverkehr" bezeichnetes Personenzug-Netz in Anlehnung an den Ruhr-Schnellverkehr ins Leben. Auch hier waren ein Taktfahrplan und kurze Haltezeiten an den Bahnhöfen charakteristisch. Um wettbewerbsfähig mit dem aufstrebenden Autoverkehr zu bleiben, beschloss die DB, ein eigenständiges Schnellbahnnetz im Ruhrgebiet aufzubauen. Moderne Fahrzeuge sollten den aufwändigen und teuren Betrieb mit den noch allgegenwärtigen Dampflokomotiven ablösen und so für mehr Wirtschaftlichkeit sorgen.

Im Jahre 1965 wurde zwischen der DB und dem Land Nordrhein-Westfalen ein Rahmenvertrag unterzeichnet, in dem die Schaffung eines S-Bahnnetzes festgeschrieben wurde, das

Die Großdiesellok der frühen Bundesbahn schlechthin war die V 200, einer ihrer ersten großen Einsatzschwerpunkte in Norddeutschland das Bw Hamm mit den Strecken nach Hannover und Hamburg. Hier präsentiert sich im Frühjahr 1959 die frisch angelieferte V 200 069 in ihrer neuen Heimat neben einer alten Preußin der Baureihe 78.

weitgehend auf einem eigenen, vom übrigen Zugverkehr unabhängigen Gleiskörper betrieben werden sollte. Die erste Linie wurde 1967 auf dem Teilstück Düsseldorf – Ratingen, der heutigen S-Bahnlinie S6, in Betrieb genommen. Eingesetzt wurden neue elektrische Lokomotiven der Baureihe E 41 (spätere Baureihe 141) und moderne Nahverkehrswagen, die so genannten Silberlinge. Am 26. Mai 1974 wurden die S-Bahnlinien S1 Duisburg Hbf – Essen Hbf – Bochum Hbf und die Linie S3 von Oberhausen Hbf über Essen Hbf nach Hattingen in Betrieb genommen, außerdem die Linie S6 Düsseldorf – Ratingen über Kettwig bis Essen Hbf verlängert. Auf den Zulaufstrecken Bottrop – Essen Hbf, Duisburg-Ruhrort – Oberhausen Hbf, Duisburg-Ruhrort – Mülheim-Styrum und Duisburg Hbf – Duisburg-Bissingheim, wurde ebenfalls ein Taktverkehr, zum Teil mit Diesellokomotiven, als Ergänzung zum S-Bahnnetz eingeführt.

Nach und nach kamen weitere S-Bahnlinien hinzu, die das Ruhrgebiet mit dem Bergischen Land durch das Tal der Wupper, mit dem Niederrheingebiet und dem internationalen Flughafen Düsseldorf verknüpfen. Im östlichen Ruhrgebiet wurden Unna, Hagen und Dortmund erreicht. Haltern, Krefeld, Mönchengladbach und Solingen sind weitere Endpunkte der S-Bahnlinien geworden, die S-Bahnen des Ruhrgebiets sind längst mit denen des Verbundraumes Rhein-Sieg mit Köln im Mittelpunkt verknüpft.

## Abschied von den Dampfloks

Das Ende der Dampflokzeit wurde im Ruhrgebiet mit dem Aufstellen der ersten Oberleitungsmasten für den elektrischen Zugbetrieb am 19. Juni 1954 eingeläutet. Der erste Bauabschnitt der so genannten Inselelektrifizierung (der Name rührt daher, dass das NRW-Netz zunächst keine Verbindung mit den anderen elektrisch betriebenen Strecken der Bundesbahn hatte) war die 124 km lange Verbindung von Hamm über Dortmund, Bochum, Essen und Duisburg nach Düsseldorf. Zum Sommerfahrplan 1957 fuhren die ersten elektrischen Triebzüge – neu beschaffte Fahrzeuge vom Typ ET 30 für einen schnellen Regionalverkehr – im Ruhrgebiet zwischen Düsseldorf und Hamm. In raschem Tempo elektrifizierte die DB weitere Strecken, vorrangig wurden dann Nahverkehrszüge mit elektrischen Lokomotiven bespannt. Fernzüge fuhren meist noch mit Dampflokomotiven (oder Diesel), da sie das Ruhrgebiet durchquerten und auf ihrem weiteren Wege das elektrifizierte Streckennetz des Reviers wieder verließen (bzw. aus diesem kamen). 1959 konnte das nordrhein-westfälische E-Netz mit dem süddeutschen via Düsseldorf, Köln und Koblenz verknüpft werden, 1968 wurden auch die Magistralen aus dem Revier in Richtung Hamburg (über Münster und Bremen) und Hannover auf elektrischen Betrieb umgestellt. Damit waren alle erstrangigen Strecken unter Fahrdraht.

Seit Mitte der 1950er Jahre wurden auf den nicht elektrifizierten Strecken auch neu entwickelte Diesellokomotiven eingesetzt, was im Weiteren die wartungs- und personalintensiven Dampflokomotiven verdrängte. Zum Ende der 1960er Jahre konnte der Personenzugverkehr mit Dampflokomotiven im Ruhrgebiet aufgegeben werden. Lediglich im Güterverkehr waren „die Schwarzen“ bis Mitte der 1970er Jahre noch unentbehrlich. Fast schon legendär sind die Leistungen der schweren Güterzuglokomotiven der Baureihe 44 vor 4.000 Tonnen schweren Erzzügen vom Nordseehafen Emden bis ins Ruhrgebiet. Bis 1976 wurden noch planmäßig Güterzugleistungen mit Dampflokomotiven gefahren, ab 1977 standen die letzten Maschinen nur noch als Reserve bereit und kamen nur vereinzelt noch zum Einsatz. Das Bahnbetriebswerk Gelsenkirchen-Bismarck beheimatete als letzte Dienststelle im Ruhrgebiet bis zum 20. Mai 1977 noch Dampflokomotiven. Am 21. und 22. Mai 1977 wurden hier die letzten kohlegefeuerten Maschinen der DB mit einem Fest verabschiedet. Auf der Strecke Rheine – Emden wurden dann bis 26. Oktober 1977 die letzten planmäßig eingesetzten Dampflokomotiven der DB – sie hatten eine Öl-Hauptfeuerung – außer Dienst gestellt, womit die Ära der Dampflokomotive in Westdeutschland ein Ende zu haben schien, weil die DB keine Dampflokeinsätze auf ihrem Netz mehr zulassen wollte. Fortan sollten die wenigen übrig gebliebenen betriebsfähigen Dampfloks nur noch auf Privatbahnen verkehren. 1985 aber, zur Feier des 150. Geburtstags der deutschen Eisenbahnen, hob die Bundesbahn das Dampfverbot auf ihren Gleisen auf, der Nostalgieverkehr mit historischen Fahrzeugen erfreut sich seitdem wachsender Beliebtheit.

## Güterverkehr im Wandel

Mit wachsendem Wohlstand hatte ab Mitte der 1960er Jahre der Individualverkehr auf der Straße sprunghaft zugenommen. Die Fahrt zur Arbeitsstätte, in die Freizeit und in den Urlaub, wurde von immer mehr Menschen auch im Ruhrgebiet mit dem Automobil unter-

Bis 1968 (Elektrifizierung der Strecke nach Hannover) wurden in Hamm die meisten Fernreisezüge umgespannt. Die beiden um 1960 entstandenen Aufnahmen zeigen Lok 03 091 des Bw Rheine unter dem Fahrdienstleiterstellwerk Hpn (Hamm Personenbahnhof Nord) bzw. aus dem Stellwerk heraus einen in Richtung Hannover ausfahrenden und mit einer V 200 bespannten D-Zug.

Als 140 090 im August 1981 von der Zeche Zollverein kommend auf die Trasse der Köln-Mindener Strecke einschwenkte, dachte hier vermutlich noch niemand an das Thema „Weltkulturerbe" (oben).

Unten: Auf dem Weg zur Hütte Krupp-Mannesmann in Duisburg-Huckingen fährt 232 561 mit ihrem Zug für wenige Meter direkt am Rhein entlang (April 2004); im Hintergrund die Hochfelder Brücke im Zuge der Strecke Duisburg – Krefeld.

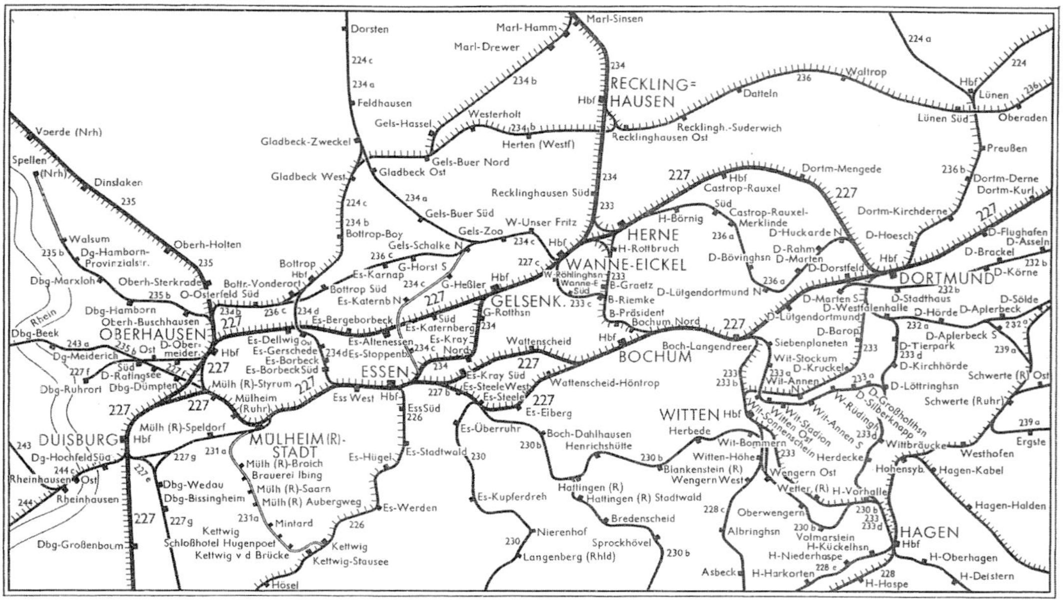


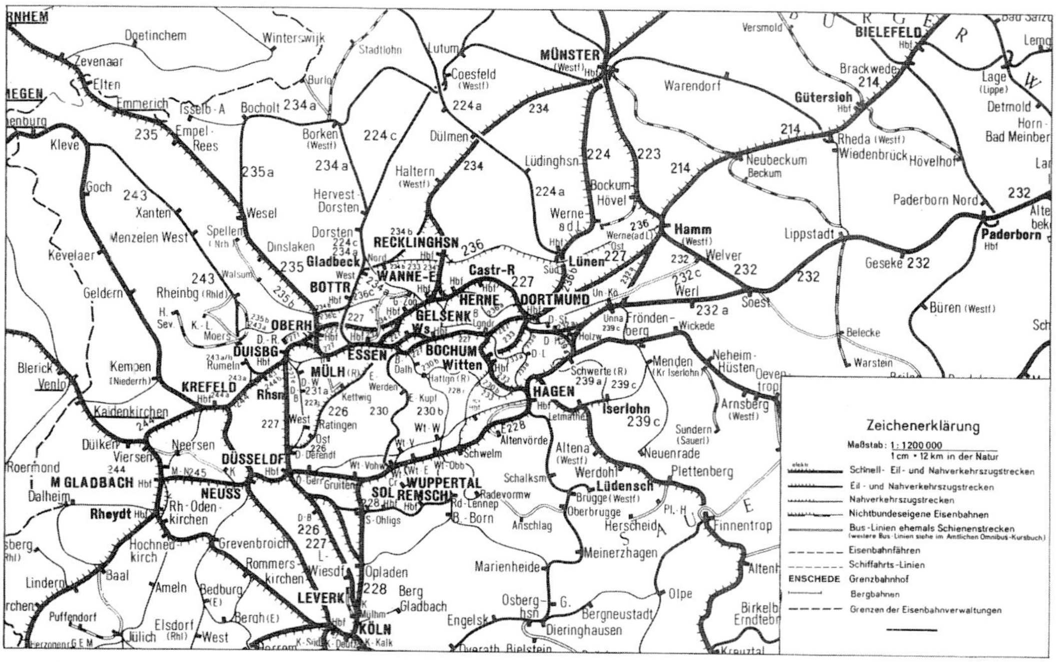


Nahverkehr auf einen Blick: Karten aus dem Eisenbahn-Taschenfahrplan für das Ruhrgebiet, Sommer 1970.

Drei Stufen des heutigen Schienenpersonenverkehrs im Ruhrgebiet stehen hier im März 2005 im Dortmunder Hauptbahnhof gewissermaßen nebeneinander. Der RE1-Doppeldeckerzug benötigt für die 77 km lange Strecke Dortmund Hbf – Düsseldorf Hbf 53 Minuten, der ICE 52 Minuten und die S1 91 Minuten. Die auffallend geringe Reisegeschwindigkeit der ICE ist den vielen Halten geschuldet, die leichteren RE-Züge kommen trotz zweier zusätzlicher Halte hier deutlich besser vom Fleck.

nommen. Lastkraftwagen konnten schneller von Haus zu Haus liefern, als es mit der Eisenbahn möglich war. Die Waren mussten nicht mehr umständlich an den Güter- und Verladebahnhöfen vom Lkw in den Güterwagen ein- oder ausgeladen werden.

Aber nicht nur die größere Flexibilität des Lkw machte der Bahn im Güterverkehr, der traditionell über rund hundert Jahre hinweg ihre wichtigste Einnahmequelle gewesen war, zu schaffen. Im Ruhrgebiet kam als besondere Komponente die Strukturkrise der Kohle- und Stahlindustrie hinzu. Hatte man Mitte der fünfziger Jahre noch geplant, den Steinkohlenbergbau auszuweiten, so sah zehn Jahre später die Sache schon ganz anders aus. Mehr und mehr machte sich ausländische Kohle breit, vor allem aber war das Erdöl dabei, der Ruhrkohle den Rang als Energieträger Nummer eins abzulaufen. Zugleich gewann bei sinkender Förderung deutscher Erze der Import ausländischer Erze zunehmend an Bedeutung – und die kommen vor allem per Binnenschiff von den Nordseehäfen. Kurzum: Die zunehmende internationale Verflechtung der bundesdeutschen Wirtschaft offenbarte der Eisenbahn dunkle Schattenseiten, der einstige Transport-Monopolist sah sich schweren Verlusten ausgesetzt.

Die Antwort der DB auf Montan-Krise und Lkw-Boom war folgende: Mit den Zechen und Kokereien sowie mit vielen Metall erzeugenden- oder verarbeitenden Betrieben wurden auch zahlreiche Rangierbahnhöfe und mit ihnen viele Bahnbetriebswerke geschlossen. Das einst dichte System dieser Anlagen, in denen Güterzüge zusammengestellt und aufgelöst werden, wurde dramatisch ausgedünnt. Der bereits angesprochene Vormarsch des Lkw vor allem bei Stück- und Expressgütern beschleunigte diesen Prozess noch. Zug um Zug legte

Den S-Bahn-Vorlaufbetrieb fuhr die Bundesbahn mit Loks der Baureihe 41 und so genannten „Silberlingen“ (Wagen mit Edelstahl-Außenhaut), ihnen folgten ET 420 und die dann jahrelang typischen Kompositionen aus einer Lok der Baureihe 111 und n-Wagen. Der ET 30 gehörte nicht zum S-Bahn-Fahrzeugpark. Beide Fotos entstanden im Essener Hauptbahnhof.

Gleich hinter Wanne-Eickel und Gelsenkirchen beginnt das „platte Land“: 640-Doppeleinheit auf der Verbindung Dorsten – Dortmund bei Feldhausen am 24. April 2003.

die Bundesbahn im Ruhrgebiet Rangierbahnhöfe still, von Anlagen wie Dortmund Vbf, Dortmunderfeld, Bochum-Langendreer, Bochum-Dahlhausen, Duisburg-Wedau, Hohenbudberg, Gelsenkirchen-Bismarck oder Essen-Kupferdreh, ist nichts oder kaum etwas geblieben. Am schlimmsten traf es den Rangierbahnhof Hamm, mit einer Leistung von 10.000 Wagen pro Tag einst der größte Europas. Mitte der neunziger Jahre wurde er auf das Maß eines kleineren Knotenbahnhofs und Güterwagen-Sammelpunkts reduziert. Ähnlich erging es Hohenbudberg, wo heute eine Gewerbefläche auf dem riesigen Bahngelände entsteht, oder Soest, einst wichtiger Vorbahnhof für den Güterverkehr zwischen Ruhrgebiet und Mittel- bzw. Ostdeutschland. Auch dort blieben nur ein paar Gleise zum Abstellen von Wagen. Wichtigster Rangierbahnhof für das Ruhrgebiet ist heute Hagen-Vorhalle, eine relativ kompakte und moderne Anlage, die im Schnittpunkt wichtiger Güter-Fernstrecken liegt. Ebenfalls bedeutend sind noch Oberhausen-Osterfeld Süd, Oberhausen West (für Duisburgs Stahlindustrie) und Wanne-Eickel, außerdem natürlich – als größter Rangierbahnhof in NRW – das vor den Toren Kölns gelegene Gremberg.

Natürlich sind Güterzüge auch heute im Ruhrgebiet nicht ausgestorben. Aber ihr Charakter hat sich geändert. Da wird nicht mehr viel gesammelt oder verteilt, sondern es werden möglichst geschlossen ganze Wagengruppen oder komplette Züge vom Versender zum Empfänger gefahren. Das Rangieren und Feinverteilen von Güterwagen, eine Tätigkeit, die einst im Revier Tausenden von Menschen Arbeit bot, ist auf ein Mindestmaß reduziert worden. Heute sieht es so aus, dass der Schienengüterverkehr nur noch etwa ein Sechstel bis ein Siebtel des gesamten Güterverkehrsaufkommens in Deutschland ausmacht, längst beherrscht der Lkw das Feld. In jüngster Zeit ist eine Trendwende zu erkennen, neue Angebote und neue Bahn-Unternehmen beginnen wieder Marktanteile für die Schiene zurückzugewinnen.

In den kommenden Jahren werden verstärkt nicht zum DB-Konzern gehörende Eisenbahn-Verkehrsunternehmen Personennahverkehrsleistungen im Revier anbieten. Schon stark vertreten ist die Prignitzer Eisenbahn (PEG), ein inzwischen zu einem internationalen Konzern gehörender Betrieb, der seine Wurzeln im Brandenburgischen hat. Die PEG fuhr im März 2005, als dieses Foto entstand, die Nahverkehrszüge zwischen Dortmund Hbf (Foto) und Enschede via Coesfeld sowie die Verbindungen Duisburg-Ruhrort – Oberhausen und Oberhausen – Bottrop – Dorsten.

## Neue Zeiten im Personenverkehr

Aber nicht nur der Güterverkehr stand seit den sechziger Jahren vor großen Problemen. Die Fahrt zum Einkaufen oder Arbeiten vom Land in die große Stadt war mit dem Pkw schneller und bequemer zu erledigen als mit dem alten Zug (jedenfalls so lange, wie nicht jeder das machte und so mithalf, die Straßen zu verstopfen). Nach und nach verloren sehr viele Strecken auch im Ruhrgebiet so ihre Grundlage, allerdings nicht im gleichen Maße wie auf dem Land. Während viele Nahverkehrszüge in den Ballungsräumen zu den Berufsverkehrszeiten weiterhin aus allen Nähten zu platzen drohten, erfreuten sich die Bummelzüge auf den Anschlussstrecken in der Fläche oft gähnender Leere. Zugleich schien niemand mehr ein Interesse daran zu haben, heruntergekommene Strecken zu modernisieren und aufzupäppeln.

Durch die im Jahre 1994 begonnene Bahnreform sollte jedoch frischer Wind in den Bahnverkehr kommen. Unter dem Leitwort Regionalisierung wurde die Verantwortung für den Schienennahverkehr auf Träger vor Ort übertragen, speziell Länder und Verkehrsverbünde. Nun konnten (und können) auch private Eisenbahngesellschaften Zugleistungen auf dem Streckennetz der Staatsbahn anbieten. Durch Ausschreibungen wurde der Wettbewerb angefacht, durch das verbesserte Angebot stieg auch die Bereitschaft der durch Autobahnstaus geplagten Bevölkerung, wieder mit der Bahn zum Arbeitsplatz zu fahren. Neue Anbieter haben sich auch im Ruhrgebiet inzwischen etabliert, wenngleich hier die Regionalzüge der Deutschen Bahn AG nach wie vor das Bild bestimmen. Gut zehn Jahre nach Auftakt der Bahnreform kann jedenfalls festgestellt werden, dass das Schienenverkehrsangebot im Ruhrgebiet im Zeichen von Taktfahrplänen und weitgehend auf moderne Fahrzeuge umgestellter Flotten besser ist als jemals zuvor. Seit Jahren steigende Fahrgastzahlen im ÖPNV bestätigen das.

Moderne Zeiten bei der Deutschen Bahn AG. Rechts ein Blick in den Rangierbahnhof Hagen-Vorhalle, die heute bedeutendste Anlage dieser Art an der Ruhr (und neben Köln-Gremberg der einzige Güterzug-Knoten mit vollem Rangierbahnhof-Status in Nordrhein-Westfalen).

Der S-Bahn-Verkehr wird heute im Wesentlichen von zwei Fahrzeug-Konzepten getragen. Neben den nach wie vor für das Ruhrgebiet typischen lokbespannten Zügen (allerdings hat inzwischen die Baureihe 143 die 111 komplett verdrängt) fahren auch immer mehr Triebzüge der Baureihe 423. Die Fotos auf dieser Seite entstanden 2004 an der Ruhrbrücke bei Essen-Steele (S9 Haltern – Wuppertal) und in Bochum-Dahlhausen (S3 Oberhausen – Hattingen).

57 56
55 54
53 52
294 272-0
DB
152 097-2

HAUPTBAHNHOF
Bali KINO

Linke Seite und oben: Dortmunds heutiger Hauptbahnhof entstand in den frühen fünfziger Jahren, und das sieht man ihm an.

# Bahnhofs-Empfangsgebäude

Imposant und gepflegt oder billig und heruntergekommen – das Empfangsgebäude (im allgemeinen Sprachgebrauch meistens ebenso knapp wie fachlich unzutreffend als „der Bahnhof" bezeichnet) einer Eisenbahn-Station gilt als Visitenkarte seines Eigentümers. Das war schon vor 160 Jahren nicht anders. In diesen Empfangsgebäuden wurden nicht nur Fahrgäste empfangen, die eine Bahnreise begannen oder beendeten, hier kauften sie ihre Fahrkarten, hier gaben sie ihr Gepäck auf oder holten es ab. Hier nahmen, als es noch keine Speisewagen gab, Fernreisende die Mahlzeiten ein (die Züge legten dafür eine Pause ein), hier warteten die Passagiere auf den nächsten Zug, die Straßenbahn oder auf jemanden, der sie abholte. All das also – und noch allerhand mehr – musste ein solches Gebäude ab einer gewissen Stations-Größenordnung früher leisten können. Heute sind die Anforderungen da deutlich geschrumpft: Wer gibt schon noch Gepäck auf, wer wartet im Zeichen des Taktverkehrs noch im Saal – so es denn noch einen gibt – auf Anschlüsse? Und wer unterbricht noch seine Fahrt, um im Bahnhof zu speisen?

In Hattingen (Foto links) steht noch heute das von der BME mit der Ruhrtalbahn erbaute Stationsgebäude aus den 1870er Jahren. Für den Eisenbahnverkehr hat es keine Bedeutung mehr. Frisch renoviert präsentiert sich der Hauptbahnhof Oberhausen (rechte Seite), erbaut 1930–34 im Stil der Neuen Sachlichkeit. Gemeinsam mit den neuen Empfangsgebäuden von Duisburg (1931–34) und Düsseldorf (1932–36) markiert er einen Höhepunkt der Großstadt-Bahnhofsarchitektur.

In Essen wurde das kriegszerstörte Empfangsgebäude völlig abgetragen, ein ganzes Ensemble von Neubauten – die Arbeiten zogen sich über viele Jahre hin – übernahm die Funktionen. Verzichtet hat man in Essen (wie in Dortmund) auf die Wiederherstellung der bei Luftangriffen zerstörten Bahnsteighallen. Schon Vergangenheit ist auch die hier im März 1993 im Essener Hauptbahnhof abgelichtete Zuggattung Interregio. Nach nur wenigen Jahren verließ die DB dieses interessante Konzept wieder und konzentrierte sich auf die (für die Fahrgäste teureren) IC und ICE.

Das Bahnhofsgebäude von Bochum Süd, gewissermaßen der Vorläufer des heutigen Hauptbahnhofs, dokumentierte die Vorliebe der BME für den klassizistischen Baustil.

Natürlich musste der Bahnhof in einer Stadt, die etwas auf sich hielt, nicht nur seine verkehrstechnischen Zwecke erfüllen, er musste auch Vertrauen erweckend, einladend oder gar beeindruckend aussehen. Im rheinisch-westfälischen Industriegebiet war man da allerdings insgesamt gesehen durchaus zurückhaltender als anderswo, und das hat natürlich mit der früher geringeren Bedeutung heutiger Großstädte zu tun.

Zu den Anfängen. Sowohl die Köln-Mindener- als auch die Bergisch-Märkische Eisenbahngesellschaft pflegten einen für sie typischen Baustil, der auf den wichtigeren Stationen bewundert werden konnte. Die BME bevorzugte Formen des Klassizismus. Bestes Beispiel ist der heutige Wuppertaler Hauptbahnhof im Stadtteil Elberfeld mit seinen Säulen, der ins Jahr 1847 zurückreicht. Deutlich kleiner, aber dabei auch noch deutlich klassizistisch war der erste Hagener Bahnhof; auch Bochum Süd, der Vorgänger des heutigen Hauptbahnhofs. Während die beiden letztgenannten verschwunden sind, ist im Bahnhof Hattingen, der zur Ruhrtalbahn der BME gehörte, die typische BME-Architektur noch zu sehen.

Im so genannten romantischen Stil erbaute die Köln-Mindener Eisenbahn die Empfangsgebäude ihrer wichtigsten Stationen: Sie sahen mit ihren Türmchen und Zinnen aus wie mittelalterliche Burgen. Das eindrucksvollste Beispiel gab der alte Dortmunder Hauptbahnhof (abgerissen), den die CME gemeinsam mit der BME nutzte. Auch Hamm hatte ein solches Bauwerk vorzuweisen (ebenfalls beim Bau des Nachfolgers abgerissen) und schließlich Minden; das Mindener Gebäude hat als einziges dieser Art überlebt und erfüllt noch heute seinen ursprünglichen Zweck.

Die meisten Bahnhofsgebäude auch dieser Gesellschaften waren jedoch eher schlichter Natur: Putzbauten in Werkstein-Nachbildung die etwas besseren (wie beispielsweise Kamen, übrigens noch vorhanden, Duisburg oder Herne), völlig schmucklose oder mit Holz verschalte Fachwerkbauten (z. B. Wanne bei der CME) die einfacheren. Den geringsten Auf-

Die Köln-Mindener Eisenbahngesellschaft liebte romantische Bauten mit Zinnen und Türmchen wie hier in Dortmund (oben) und Hamm. Beide wurden zu Beginn des 20. Jahrhunderts durch opulente Neubauten ersetzt.

Der alte Bahnhof Wanne bestand im Wesentlichen aus Holz; die CME ging wohl nicht davon aus, dass an dieser Stelle einmal mehr als ein Eisenbahnknoten wachsen könnte, jedenfalls keine Großstadt. Das heutige, jüngst umfassend modernisierte Empfangsgebäude von Wanne-Eickel Hbf wurde 1913 eröffnet.

Ein Schmuckstück ist heute wieder das frisch sanierte Empfangsgebäude des Hauptbahnhofs Hamm (1920 fertiggestellt). Vor allem die Eingangshalle kommt mit moderner Beleuchtung jetzt nachhaltig zur Geltung.

Kurz vor Ausbruch des Ersten Weltkriegs löste der neue Hauptbahnhof von Mülheim an der Ruhr seinen ausgesprochen bescheidenen Vorgänger ab.

wand in dieser Hinsicht trieb insgesamt wohl die Rheinische Eisenbahngesellschaft (RE); kein Wunder, hatten doch deren Strecken im Ruhrgebiet fast allein die Aufgabe, Kohlentransporte zu gewinnen, nicht vornehme Fernreisende in feine Züge zu locken.

Im Laufe des 19. Jahrhunderts blieben imposante Neubauten, die den alten Spar-Ausführungen folgen sollten, noch selten. Das eindrucksvollste Monument einer neuen Epoche spendierte die K.P.E.V. der Stadt Essen mit dem neuen Hauptbahnhof (1897), einen zeittypischen, reichlich überladenen Monumentalbau, der gleichwohl als ein Muster an Zweckdienlichkeit galt. Etwas milder in der Formensprache, ansonsten stilistisch ähnlich überfrachtet war der Neubau in Gelsenkirchen (1904).

Essens Hauptbahnhof von 1897 (oben) war ein stilistisch reichlich überladener Monumentalbau, der gleichwohl als ein Muster an Zweckdienlichkeit galt. Er fiel dem Zweiten Weltkrieg zum Opfer. Der ähnlich überladene (und innen sehr düstere) Bau in Gelsenkirchen (1904) wurde hingegen in Friedenszeiten abgebrochen (1982) und durch den heutigen Bahnhof ersetzt.

DB
216 110-7

216 026-5
DB

Dieselloks der V-160-Familie werden von Oberhausen-Osterfeld Süd aus auch heute noch im Güterverkehr eingesetzt, die kleinsten und schwächsten Mitglieder dieser Familie, die der BR 216, sind aber nicht mehr dabei. Im Bild links zieht 216 110 einen Ganzzug über die Hochfelder Brücke in Richtung Rheinhausen (Januar 1998), unten sind 216 026 in Hochfeld Nord (Mai 2001) sowie 216 018 zu sehen (April 1993), die hier am Bw Osterfeld Süd entlang in Richtung Bottrop fährt.

Erst mit Beginn des 20. Jahrhunderts wurden in großem Stil repräsentative neue Empfangsgebäude geschaffen, die den Städten – viele davon waren ja erst im Laufe der letzten Jahrzehnte von Kuhdörfern oder einfachen Flecken auf der Landkarte zu Großstädten aufgestiegen – wirklich zur Ehre gereichten. In Dortmund (1910) und Hamm (kriegsbedingt erst 1920 fertiggestellt) wurden die CME-„Burgen" durch neobarocke Prachtbauten ersetzt, in Hagen folgte dem BME-Bau ein in zeittypisch üppiger Formensprache gehaltener Bau mit einem dominierenden Uhrturm. Auch Witten (1901) ähnelt dem Hagener Stil, Langendreer (1908; heute ein Kulturzentrum), Mülheim, Wanne-Eickel (1913) und Herne (1914; wie Wanne im so genannten Reformstil) folgten. Dann unterbrach der Erste Weltkrieg diese Phase, die zu ihrem Ende hin schon von einer Abkehr von der Opulenz und einer zunehmenden Sachlichkeit (Reformstil) geprägt war.

Fortgesetzt wurde diese Entwicklung in den zwanziger und dreißiger Jahren. Oberhausen (1930–34), Duisburg (1931–34) und Düsseldorf (1932–36) bildeten mit dem Stil der Neuen Sachlichkeit dann einen vorläufigen Abschluss der Großstadt-Bahnhofsarchitektur. Alle drei Bauten gehören zu den wichtigsten und eindrucksvollsten deutschen Verkehrshochbauten jener Epoche. In Bochum bedurfte es der Zerstörungen des Zweiten Weltkriegs, dann erst wurde hier die Bahnhofs-Situation neu geregelt und man erhielt in den Fünfzigern einen würdigen, modernen Großstadtbahnhof, bei dem die geschwungenen Formen des kurz zuvor eröffneten Hauptbahnhofs Rom unverkennbar Anregungen gaben. 2004/2005 wurde der Bochumer Hauptbahnhof umfassend modernisiert und präsentiert sich heute attraktiver denn je.

In Essen und in Dortmund ersetzte die Bundesbahn die ebenfalls kriegszerstörten Prachtbauten durch sehr nüchterne neue Hochbauten, in Gelsenkirchen wurde, nachdem das intakte Gebäude von 1904 ohne Not abgerissen worden war und eine städtebauliche Wüste hinterlassen hatte, die Funktion des Empfangsgebäudes in die Passage unter den Gleisen verlegt (ähnliches war ja auch schon beim Neubau in Essen geschehen); 2005 begann man damit, diese eher unwirtliche Anlage auf neuzeitlichen Glanz zu bringen. Anlass dazu gab nicht zuletzt die Fußball-WM 2006, bei der Stadt und Bahn den Gästen eine ordentliche Visitenkarte hinterlassen wollten.

Auch Recklinghausen erhielt nach dem Zweiten Weltkrieg ein betont „sachliches", aber im Gegensatz zu Gelsenkirchen „oberirdisches" und somit unübersehbares neues Gebäude. Im Stil der Moderne gehalten löste es ein Bauwerk ab, welches noch eine Kombination des Ur-Stationsbaus aus den 1870er Jahren mit einem rund 50 Jahre jüngeren Nachbarn gewesen war.

Den Abschluss der hier kurz skizzierten Entwicklung bildete Bottrop. Bei der Neuanlage dieses Bahnhofs in den 1990er Jahren wurden Gleisanlagen, Bahnsteige, Bahnsteigzugänge usw. aufs Modernste hergerichtet – ein Empfangsgebäude jedoch hat man sich geschenkt, so etwas braucht man heute nicht mehr unbedingt.

Stand der Zeit ist dieser Gedanke: Der Bahnhof bzw. sein Empfangsgebäude ist nur noch eines von mehreren Elementen eines Ensembles an Einkaufs- und Unterhaltungsmöglichkeiten auf dem Eisenbahn-Areal. In Dortmund sollte eine neue Anlage (3do/„Ufo") hier ganz neue Maßstäbe setzen und zudem die durch die Gleise getrennten Stadtteile verbinden. Die ehrgeizigen Pläne sind gescheitert. Hier wie auch in Essen oder Duisburg sollen nun die bestehenden Anlagen wenn nicht großzügig umgebaut, so doch zumindest aufgefrischt werden. ■

Dortmunds Empfangsgebäude von 1910 ersetzte den 1847 von der CME eröffneten Vorgänger. Anders als dieser lag es stadtseitig vor den Gleisen, nicht in Insellage dazwischen. Der Bau von 1910 wurde im Zweiten Weltkrieg völlig zerstört und durch den heutigen an gleicher Stelle ersetzt.

Zwei Etappen der Moderne: Der Duisburger Hauptbahnhof zur Zeit seiner Eröffnung Mitte der dreißiger Jahre (oben), bemerkenswert die tiefer gelegte Straße, und der nagelneue Fahrkartenschalter des Hauptbahnhofs Essen (um 1960).

1962 erhielt der Hauptbahnhof Recklinghausen ein neues Empfangsgebäude, welches den noch intakten Vorgängerbau ablöste. Dieser wiederum war eine Kombination aus dem Ur-Bauwerk aus den 1870er Jahren (siehe Seite 19) und einem rund 50 Jahre jüngeren Nachfolger.

# Eisenbahn-Brücken an Rhein und Ruhr

Die letzte Fahrt des Trajekts von Duisburg nach Hochfeld am 14. Januar 1874 zeigt diese zeitgenössische Darstellung. Auf der festen Brücke fahren bereits die Züge. Zwei der Duisburger Trajektboote wurden noch nach Ungarn verkauft und auf der Donau zwischen Gombos und Erdöd eingesetzt.

Bei den ersten Eisenbahnstrecken im bzw. ins Ruhrgebiet stellte der Bau von Brücken über die Ruhr bei Oberhausen (CME-Stammstrecke) und Wetter (BME-Stammstrecke) keine außergewöhnlichen Anforderungen, weit schwieriger dürften da die Probleme der BME mit den Einschnitten, Dammschüttungen und Tunnelarbeiten im Zuge ihrer Stammstrecke zwischen dem Wuppertal und Hagen gewesen sein.

Größere Höhen und Stützweiten galt es erst mit den Strecken der zweiten Generation wie Überruhr – Steele und Essen – Ratingen (bei Kettwig) zu meistern, angesichts der großen Fortschritte der Technik kann aber auch hier nicht von außergewöhnlichen Bauwerken gesprochen werden.

## Ruhrtalviadukt Herdecke

Ein wirklich imposantes Bauwerk stellte dann aber die Rheinische Eisenbahngesellschaft bei Herdecke ins Ruhrtal. Der mit der enorm aufwändig gebauten Verbindung Dortmund – Hagen – Düsseldorf am 15. September 1879 eröffnete Viadukt ist 313 m lang und rund 30 m hoch, auf beiden Seiten schließen sich hohe Dämme an. Zwischen den Brückenköpfen spannen sich zwölf 20 m weite Rundbögen auf. Im Zweiten Weltkrieg erlitt der Herdecker Viadukt schwere Schäden. Zunächst wurde am 17. Mai 1943 nach der Zerstörung

Zu den typischen Eisenbahnbauten zählten auch die Kugelbehälter für die Wasserversorgung der Loks in den Betriebswerken. Drei typische Vertreter sehen wir auf dieser Doppelseite. Das Foto oben entstand 1998 im längst stillgelegten Bw Duisburg-Wedau, auf der Seite rechts die Behälter der Bw Gelsenkirchen-Bismarck (oben; 1974) und Essen Hbf (1966). Das Foto links entstand 1985 in Osterfeld Süd.

Im Bw Gelsenkirchen-Bismarck waren die letzten kohlegefeuerten Loks der Baureihe 044 der DB zu Hause. An einem Novembersonntag des Jahres 1974 harren hier 044 556, 508, 138, 329, 131 und 143 der kommenden Aufgaben. Während das Bw Bismarck baulich noch existiert, ist das Bw Essen Hbf Geschichte. Die Lok der Baureihe 78 bietet einen interessanten Kontrast zum Bundesbahn-Stil des Verwaltungsgebäudes.

der Möhnetalsperre ein Pfeiler durch die Flutwelle fortgerissen, kurz vor Kriegsende wurden weitere durch deutsche Truppen gesprengt. Erst zum 22. November 1952 konnte der Herdecker Viadukt wieder in Betrieb genommen werden. Wer heute über ihn fahren möchte, muss die Züge der RB-Linie 52 Dortmund – Hagen – Lüdenscheid benutzen.

## Ruhrtalviadukt Witten

Mit gleich drei Gesetzen (vom 25. Juli 1910, 30. Juni 1911 und 17. April 1916) erteilte die preußische Regierung der K.P.E.V. die Konzession zum Bau der rund 22 km langen zweigleisigen Hauptbahn von Witten Hbf nach Wengern und von dort weiter über Gevelsberg West nach Schwelm; die sehr ambitionierte Neubaustrecke – sie war für viele Jahrzehnte das letzte Eisenbahn-Großprojekt im Ruhrgebiet – sollte dabei im Bereich Wengern Ost mit der alten Ruhrtalbahn der BME zusammenkommen. Ziele des Vorhabens waren zum einen eine deutliche Abkürzung des Wegs zwischen Dortmund und Köln (Entfall des Umwegs über Hagen), zum anderen eine Anbindung des Großraums Dortmund an den neuen Rangierbahnhof Hagen-Vorhalle, dessen westliche Einfahrgruppe nur über die Ruhrtalbahn, nicht aber über die BME-Stammstrecke auf der anderen (rechten) Flussseite zu erreichen war. Imposantestes Einzelbauwerk der Strecke war und ist der rund 600 m lange Ruhrtalviadukt bei Witten, gebildet aus drei Stahlbögen und einer Folge mit Sandstein verkleideter Betonbögen.

Eine rasche Verwirklichung des teuren Bauvorhabens (außer dem Viadukt drei lange Tunnels) scheiterte am Ausbruch des Ersten Weltkriegs. Erst zum 4. Oktober 1926 wurde die Strecke Witten – Wengern mit der Ruhrtalbrücke für den Güterverkehr eröffnet, der Personenverkehr wurde sogar erst zum 15. Mai 1934 aufgenommen, als auch die Strecke bis Schwelm betriebsbereit war.

Die Umfahrung Hagens im Reiseverkehr (die Reichsbahn hatte hier Eilzugpaare Köln – Dortmund mit beachtlich kurzen Fahrzeiten eingelegt) erwies sich letztlich als unattraktiv, 1979 wurde der Betrieb zwischen Wengern und Gevelsberg eingestellt, Gevelsberg – Schwelm wird heute von der S-Bahnlinie S8 genutzt. 1984 endete auch der reguläre Personenverkehr Witten – Wengern – Volmarstein – Hagen. Für den Güterverkehr von und nach Hagen-Vorhalle Rbf ist die Verbindung jedoch nach wie vor unverzichtbar.

## Erste Eisenbahn-Rheinbrücken

Der Rhein war für die Eisenbahn lange Zeit ein großes Hindernis, ein weit größeres als die Ruhr, wobei dem Bau von Brücken nicht nur technische und finanzielle Probleme im Wege standen. Widerstand gegen Brücken gab es zunächst seitens des preußischen Militärs. Man fürchtete dort, dass außerhalb des Schussfeldes von Festungen liegende Flussübergänge unbeschädigt einem Angreifer (Frankreich) in die Hände fallen könnten. Diese Bedenken lösten sich nur zögernd auf. Die erste Rheinbrücke wurde so erst am 3. Oktober 1859 von der Köln-Mindener Eisenbahn eröffnet, und zwar in Köln (Dombrücke, Vorläufer der heutigen Hohenzollernbrücke, die 1908–1910 gebaut wurde). Sie war der erste feste Rheinübergang nördlich von Basel seit der Römerzeit.

Die nächste Rheinbrücke im heutigen Nordrhein-Westfalen wurde von der Bergisch-Märkischen Eisenbahngesellschaft eröffnet, und zwar im Jahr 1870 in Düsseldorf; der erste Zug, der über sie rollte (und zwar am 24. Juli 1870), war ein Militärzug – Deutschland zog gegen Frankreich zu Felde, und inzwischen hatte der Generalstab längst die Vorteile eines schnellen Aufmarsches mit der Eisenbahn erkannt.

Zwischen 1909 und 1912 wurde die so genannte Hammer Brücke wegen des enormen Verkehrswachstums (und wegen der im Rahmen des Schlieffen-Plans geforderten zahlreichen Aufmarschwege nach Westen) um eine zweite, direkt daneben liegende ergänzt, kurz darauf wurde die alte durch eine neue Konstruktion, die ihrerseits weitgehend der benachbarten neuen glich, ersetzt.

Die Düsseldorf-Hammer Doppelbrücke wurde am 3. März 1945 von deutschen Pionieren gesprengt, aber bereits am 10. August 1946 war die nördliche der beiden wieder verfügbar. Die Wiederherstellung von vier Gleisen kam mit dem Ausbau der S-Bahn in Gang, in zwei Etappen (11. April 1987 die Fernbahngleise, 29. Mai 1988 die S-Bahn-Gleise) wurde die imposante heutige Hammer Brücke in Betrieb genommen.

## Hochfelder Brücke in Duisburg

Auch die dritte große westdeutsche Eisenbahngesellschaft, die Rheinische, verfügte im heutigen NRW (und zudem in Koblenz) über eine eigene Rheinbrücke, und zwar in Duisburg zwischen Hochfeld und Rheinhausen; am 24. Dezember 1873 wurde sie vom ersten Güterzug überquert, der erste Personenzug folgte drei Wochen später. 1926 wurde die Hochfelder Brücke durch eine modernere Konstruktion gleich nebenan ersetzt (die alten Brückentürme stehen noch heute), die nach der Zerstörung im Zweiten Weltkrieg 1948/49 wieder aufgebaut wurde und in weitgehend alter Form noch heute existiert.

## Duisburgs Fährhäfen

Vorläufer der Brücke in Duisburg waren die Eisenbahn-Fähren. 1850 errichtete die CME am Endpunkt ihrer Stichstrecke aus Oberhausen in Ruhrort einen Hafen, der auch als Trajekthafen diente. Von hier wurden Eisenbahnwagen nach Homberg übergesetzt; Homberg war seit dem 15. Oktober 1849 Endpunkt der Ruhrort-Crefeld-Kreis Gladbacher Eisenbahn (RCKG) und erhielt eine ähnliche Anlage wie gegenüber Ruhrort.

Zunächst nutzte man für das Trajekt Pontons, die von Dampfbooten befördert wurden und bis zu sechs Wagen tragen konnten, später spezielle Dampffähren. Um die Eisenbahnwagen gefahrloser vom Bahngelände zu den Anlegern hinablassen zu können, nahm man 1856 an beiden Ufern hydraulisch angetriebene Hebeanlagen – bestehend im Wesentlichen aus dem Hebeturm, einem Maschinenhaus und dem Anleger für die Fähre – in Betrieb; das recht gefährliche bisherige Verfahren, bei dem die Wagen an Ketten über eine schiefe Ebene hinabgelassen oder hochgezogen wurden, konnte nun entfallen. Federführend war dabei inzwischen die BME, welche 1853 die RCKG übernommen hatte.

Die Leistungsfähigkeit der Anlage war jedoch begrenzt, nur rund 350 Wagen pro Tag konnte sie verladen. Gleichwohl blieb sie auch nach dem Bau der festen Eisenbahnbrücke

RAG
BAHN-HAFEN

Ruhrtal-Idylle mit Brücke: Die preußische P 8 (38 2267) des Eisenbahnmuseums Bochum-Dahlhausen rollt mit einer historischen Zuggarnitur über den Herdecker Viadukt.

Linke Seite: Zum bunten Bild der Eisenbahn tragen nicht nur Museumszüge bei, sondern auch immer häufiger Lokomotiven privater – also nicht zur DB gehörender – Bahngesellschaften bzw. Dienstleistungsanbieter. Das obere Foto führt uns zum Bahnhof Bochum Nord, durch den hier am 8. Mai 2001 zwei so genannte Nohab-Loks dänischer Herkunft brummen.

Das Foto darunter entstand im Herbst 2004 in Pelkum an der Güterzugstrecke Oberhausen-Osterfeld – Hamm. Zwei in RAG-Diensten stehende Taurus-Loks aus dem Pool von Siemens-Dispolok haben einen Kohle-Ganzzug für das Kraftwerk Lahde bei Minden von der Zeche Heinrich Robert übernommen.

Die beiden parallel liegenden Eisenbahnbrücken in Düsseldorf-Hamm in den Dreißigerjahren. Nach der Sprengung der Bauwerke 1945 wurde nur die nördliche Brücke wieder aufgebaut, dann ersetzte 1987/88 eine völlig neue viergleisige Konstruktion auch diese.

noch bis 1907 in Betrieb. Von den Türmen der Hebeanlage existiert nur noch der Homberger, der Ruhrorter wurde 1971 abgerissen.

1867, ein Jahr nach Inbetriebnahme der Strecke Osterrath – Essen, eröffnete die Rheinische Eisenbahngesellschaft in (Duisburg-) Hochfeld und gegenüber auf der linken Rheinseite in Rheinhausen einen Trajekthafen mit Trajektierbahnhof. Mit Inbetriebnahme der Hochfelder Brücke Ende 1873 verlor die Anlage für den Eisenbahnverkehr ihre Bedeutung, am 14. Januar 1874 wurde die Trajektierung eingestellt.

## Haus-Knipp-Brücke

Mit dem Bau einer völlig neuen, vorrangig dem Güterverkehr dienenden Eisenbahnstrecke zwischen Duisburg und Krefeld/Hohenbudberg, sorgte die Preußische Staatseisenbahn zu Beginn des 20. Jahrhunderts endlich für eine Entlastung der heillos überforderten Gleisanlagen am Niederrhein. Kernstück der am 1. Dezember 1912 eröffneten Verbindung ist die Haus-Knipp-Brücke bei Ruhrort. Nach dem Zweiten Weltkrieg wurde die Brücke in kaum veränderter Form wieder aufgebaut. Erstmals 1929 rollten auch planmäßige Personenzüge über diese Route, 1983 stellte die Bundesbahn den sehr bescheidenen Personenverkehr, der natürlich immer die unmittelbar an den Duisburger Hauptbahnhof angebundene Hochfelder Brücke bevorzugte, über die Haus-Knipp-Brücke ein. Dem Güterverkehr steht das Bauwerk weiterhin zur Verfügung, auch wenn seit der Stilllegung des Rangierbahnhofs Hohenbudberg wichtige Aufgaben verloren gingen.

Die Haus-Knipp-Brücke bei Duisburg-Baerl wurde 1912 in Betrieb genommen. Planmäßige Nahverkehrszüge, zuletzt gebildet aus Akkutriebwagen, rollten hier nur von 1929 bis 1983. Dem Güterverkehr steht das Bauwerk weiterhin zur Verfügung, auch von RAG-Loks gezogene Kohlezüge kann man hier beobachten.

Ein Blick in das Werk von DB Regio in Dortmund-Spähenfelde, wo unter anderem die für die Bespannung der 160 km/h schnellen Doppelstock-Züge zuständigen modernen Drehstrom-Loks der Baureihe 146 beheimatet sind. Auf dem Weg über die Ruhr-Sieg-Strecke nach Siegen kann 146 018 dieses Tempo jedoch nicht ausfahren.

Rechte Seite: Die zentrale Hauptwerkstatt der RAG-Bahnen befindet sich in Gladbeck und ist um ein Vielfaches größer, als diese eher an eine kleine Privatbahn erinnernde Szene erahnen lässt (oben). Nur noch als Wartezone wird das Gelände des ehemaligen Bw Wanne-Eickel am dortigen Rangierbahnhof benötigt. Hier sehen im März 2005 die 232 595 sowie Loks der Baureihen 155 und 139/140 neuer Arbeit entgegen.

## Weseler Brücke

Deutschlands nördlichste Rheinbrücke wurde am Silvestertag des Jahres 1874 von der Köln-Mindener Eisenbahn eröffnet, sie diente dem Westabschnitt Haltern – Wesel – Venlo (– Frankreich) der Magistrale Niederlande/Ruhrgebiet – Haltern – Münster – Bremen – Hamburg (die ja auch den Namen Venloer Bahn trug). Mit der Weseler Brücke und der Kölner Dombrücke verfügte die CME nunmehr über zwei feste Rheinübergänge.

Die Verbindung Wesel – Venlo erlangte für den von der CME erhofften Fernverkehr allerdings kaum Bedeutung, höchstens Kohlenzüge dürften neben den (mit Kriegsausbruch 1914 eingestellten und später nicht wieder eingelegten) Luxuszügen London – Vlissingen – Moskau der so genannten Boxteler Bahn für internationale Transporte gesorgt haben.

Die von der Reichsbahn in den zwanziger Jahren noch umfassend modernisierte Brücke wurde im Zweiten Weltkrieg zerstört und nicht wieder aufgebaut. Geblieben sind die aus zahllosen gemauerten Bögen bestehenden Flutbrücken. ■

MaK G 1206
MaK G 1206
832
022
022
RAG
Gleis 34

DB
2 595-9
155 057-3
DB

Als es in den Revier-Betriebswerken noch dampfte: Links ein Blick über die – schon dachlose – Schiebebühnengrube des Bw Wanne-Eickel (November 1974), oben das Bw Bochum-Langendreer um 1960.

# Bahnbetriebswerke

Zunächst dies: Wer das Thema „Bahnbetriebswerke im Ruhrgebiet“ auch nur annähernd repräsentativ darstellen möchte, wird dafür hunderte von Seiten füllen müssen. In einem Buch wie diesem kann die Problematik also bestenfalls gestreift werden. Bahnbetriebswerke (kurz: Bw) mit ihren Ringlokschuppen, Drehscheiben, Schiebebühnen, Wassertürmen und Kohlenkränen gehör(t)en für Eisenbahnfreunde zu den faszinierendsten Einrichtungen überhaupt, und wohl nirgendwo sonst gab es noch vor drei, vier Jahrzehnten auf engem Raum so viele davon wie im Ruhrgebiet. Verantwortlich dafür war natürlich das hier so enge, nicht immer nach rationellen Maßstäben angelegte Eisenbahnnetz. So gab es beispielsweise in Dortmund zeitweise vier, fünf intakte Betriebswerke gleichzeitig.

Mit dem Bau der ersten Eisenbahnlinien ging auch die Einrichtung von Werkstätten zur laufenden Instandhaltung, Wartung und Besetzung des rollenden Materials einher – für sie sollte sich später der Begriff Betriebswerk (Bw; für Loks) bzw. Betriebswagenwerk (Bww; für Wagen) durchsetzen. Häufig fand man die Bw an den Anfangs- und Endpunkten der Strecken, da hier meist eine Maschinenbehandlung (Ausschlacken, Wasserfassen, Kohleladen, Abschmieren, Personalwechsel usw.) notwendig war. Aufgabe eines Bw war und ist auch die Einsatzplanung für Loks und Personal.

Das Bahnbetriebswerk Duisburg-Wedau war Mitte der siebziger Jahre Auslauf-Bw für die Loks der Baureihe 50 der Bundesbahn. Inzwischen ist es ebenso wie der ehemalige Rangierbahnhof Wedau bedeutungslos, das Gelände soll neuer Nutzung zugeführt werden.

Für größere Reparaturen oder regelmäßige Großuntersuchungen richteten die Bahnbetriebe bald spezielle Großwerkstätten ein – die späteren Ausbesserungswerke (AW); manchmal gab es an einem Bahnhof sogar mehrere Werke, die von den jeweiligen Bahngesellschaften betrieben wurden.

Auch die zu Beginn des 19. Jahrhunderts im Ruhrgebiet angelegten Pferdebahnen besaßen natürlich schon Werkstätten. In diesen wurden die Zugpferde versorgt und das Wagenmaterial gewartet. Nicht selten stellten diese Werkstätten die Wagen sogar selbst her. Mit den später entstandenen Bw hatten diese eher einer Dorfschmiede ähnelnden Werkstätten nur wenig gemein.

Erst mit dem Erscheinen der großen Eisenbahngesellschaften begann die Errichtung von bedeutsameren Betriebswerkstätten. Die Bergisch-Märkische Eisenbahn (BME) baute an ihrer Stammstrecke Elberfeld – Hagen – Dortmund die Hauptwerkstätte in Witten. Die Cöln-Mindener Eisenbahn (CME) unterhielt ihre Fahrzeuge in Dortmund, während die Rheinische Eisenbahn (RE) im Ruhrgebiet zunächst keine Werkstätte besaß. Schon während der Länderbahnzeit hatte beinahe jeder betriebliche Brennpunkt, zum Beispiel ein Verschiebebahnhof, sein Bahnbetriebswerk.

„Giganten auf Schienen“ hieß einst ein recht populäres Eisenbahnbuch. Damit könnte die Dampflok der Baureihe 44 (oben, Bw Gelsenkirchen-Bismarck) ebenso gemeint gewesen sein wie die sechsachsige Ellok der Baureihe 191, die kurzzeitig aus Süddeutschland nach Oberhausen-Osterfeld abkommandiert worden war.

Im Ruhrgebiet waren aufgrund der Verkehrsstruktur in den meisten Bw stets überwiegend Rangier- und Güterzuglokomotiven beheimatet. Mit dem Anwachsen des Arbeiter- und Berufsverkehrs hielten aber auch mehr und mehr Personenzuglokomotiven Einzug. Relativ wenige Werke waren für Schnellzuglokomotiven zuständig, da die meisten Fernzüge das Gebiet ohne Lokwechsel durchfuhren. Schnellzüge, die im Ruhrgebiet begannen oder endeten, taten dies in der Regel am Rande des Reviers; vor allem Dortmund kam und kommt in dieser Hinsicht eine bedeutende Rolle zu.

Rangierlokomotiven waren so ziemlich in jedem Bw anzutreffen (siehe die Übersicht auf Seite 118), es gab auch kaum ein Bw ohne Güterzugloks, Personenzuglokomotiven waren konzentriert auf deutlich weniger Dienststellen. Der Anteil der Betriebswerke mit Schnellzuglokomotiven schließlich ist auffallend gering.

Auf den Ablaufbergen der großen Rangierbahnhöfe wurden meist die stärkeren Schlepptender-Güterzuglokomotiven den kleineren Tenderlokomotiven vorgezogen. Erst mit den Einheits-Dampflokomotiven zogen auch nach heutigen Maßstäben wirklich große Dampfloks ins Revier ein, als im Zweiten Weltkrieg das Transportaufkommen vor allem bei kriegswichtigen Gütern anschwoll. Bis zum Ende der Dampflokära hat sich dann an der Struktur der Bw-Landschaft im Ruhrgebiet nichts Entscheidendes geändert.

Mit dem Traktionswandel drängten auch Elektro- und Diesellokomotiven ins Revier. Mit den Diesel-Rangierloks setzte eine Rationalisierung des Verschub- und des Übergabedienstes ein, bald machten sich Dieselloks auf allen nicht elektrifizierten Strecken breit. Schon Mitte der 60er Jahre fuhren die letzten dampfgeführten Personenzüge, während der schwerere (Montan-)Güterverkehr im Nahbereich noch ein ganzes Jahrzehnt nicht ohne die leistungsstarken Dampflokomotiven auskam.

Die Verteilung der neuen Traktionsarten auf die Bw wurde wesentlich weniger gestreut als zur Dampflokzeit. Während fast jede Dienststelle mit Diesel-Kleinlokomotiven ausgestattet wurde, bekamen nur noch relativ wenige auch schwere Streckenlokomotiven zugeteilt. Zu nennen wären – ohne jeden Anspruch auf Vollständigkeit – typischerweise Gelsenkirchen-Bismarck (Dieselloks der Baureihen V 160 und später V 200 für den Güterverkehr), Hagen-Eckesey (Dieselloks der V-100- und V-160-Familie vorrangig für Reisezüge, Elloks der BR E 41 für den leichten Personen- und der BR E 50 und später 151 für den schweren Güterverkehr), Oberhausen-Osterfeld Süd (Elloks der BR 140 für den Güterverkehr, bis heute auch Großdieselloks) oder Dortmund Bbf (z.B. Baureihe E 10 für den Fernreiseverkehr, E 40 für den Güterverkehr, später auch BR 111 für den S-Bahn-Einsatz sowie 143 und 146), nicht zu vergessen Hamm mit der legendären V 200 für den Fernreiseverkehr.

Neben den Lokomotiv-bespannten Zügen spiel(t)en im Reiseverkehr auch die Triebwagen eine große Rolle. Typisch für das Ruhrgebiet waren die Akku-Fahrzeuge (dazu unten mehr), eine Gattung, die heute nicht mehr anzutreffen ist. Typisch war natürlich auch der ET 30 (BR 430; Bw Hamm und Dortmund Bbf), heute sind es die ET 423, 425 und 426 im Regional- und S-Bahn-Verkehr sowie diverse moderne Dieseltriebwagen auf den nicht elektrifizierten Regionalstrecken.

Moderne Fahrzeuge bedürfen keines großen Unterhaltungsaufwandes mehr, die Zahl der Bw oder „Werke", wie sie inzwischen heißen, ist drastisch zurückgegangen. Die Zahl der

Zu den imposantesten Eisenbahn-Anlagen zählten die beiden Betriebswerke Hamm G und Hamm P, beide gebaut in den zwanziger Jahren. Die beiden Aufnahmen vom Güterzug-Bw entstanden um 1960 (oben) bzw. in den Fünfzigern, als noch viele Bauschäden – Folgen der zahlreichen Luftangriffe auf Hamm – zu beheben waren. Die Hammer Betriebswerke sind heute ebenso wie der Rangierbahnhof aufgelöst.

# Bahnbetriebswerke im Überblick

Die folgende Auflistung enthält – ohne Anspruch auf Vollständigkeit – eine Übersicht über die zur Zeit der K.P.E.V. (bis 1920) genutzten Betriebswerke und der dort eingesetzten Lokomotiven (S = Schnellzuglok; P = Personenzuglok; G = Güterzuglok, auch für Übergabezüge; R = Rangierlok, auch für Übergabezüge). Spätere Bw (wie Dortmund Bbf) und Beheimatungen aus DR- und DB-Zeiten (E- und V-Loks, ET, ETA, VT usw.) sind nicht aufgeführt.

In der jeweils mittleren Spalte ist das Jahr der Auflösung des Bw als eigenständige Dienststelle aufgeführt. Dabei ist zu berücksichtigen, dass manche kleineren Bw noch ein paar Jahre als Außenstellen größerer Bws weiter existierten oder auch heute noch zur Abstellung von Loks genutzt werden (Wanne-Eickel, Hamm G). Die allermeisten aber sind auch baulich gar nicht mehr vorhanden.

Auffallend ist eine erste Schließungswelle kleinerer Bw 1953/54 (Konzentration zwecks Kostensenkung), der eine zweite in den Jahren 1966–68 (Ende der Dampflokunterhaltung) folgte.

| Betriebswerk | Lok | Stillg. | Bem. | Betriebswerk | Lok | Stillg. | Bem. |
|---|---|---|---|---|---|---|---|
| Bochum-Dahlhausen | G, R | 1969 | Museum | Hamm | S, P, G, R | 2001 | |
| Bochum-Langendreer | P, G, R | 1966 | | Hattingen | P, G, R | 1951 | |
| Bochum Nord | G, R | 1954 | | Hagen-Eckesey | S, P, G, R | 2004 | |
| Bochum Süd | G, R | 1953 | | Hagen Gbf | G, R | 1968 | |
| Dortmund Hbf | S, P, G | 1943 | | Hagen-Vorhalle | G, R | 1966 | |
| Dortmund Rbf | G, R | 1982 | | Herne | G, R | 1953 | |
| Dortmunderfeld | P, G | 1960 | | Kettwig | P, G | 1953 | |
| Dortmund Süd | P, G | 1953 | | Kupferdreh | G, R | 1953 | |
| Duisburg Hbf | S, P, G, R | 1966 | | Mülheim-Speldorf | P, G, R | 1953 | |
| Du.-Ruhrort Hafen | G, R | 1966 | | Mülheim-Styrum | G, R | 1954 | |
| Duisburg-Wedau | G, R | 1977 | | Oberhausen Hbf | S, P, G, R | 1978 | |
| Essen-Frintrop | G, R | 1931 | | Oberhausen West | G, R | 1959 | |
| Essen Hbf | P, G, R | 1986 | | Ob.-Osterfeld Süd | G, R | | in Betrieb |
| Essen Nord | G, R | 1961 | | Recklinghausen | P, G, R | 1970 | |
| Gelsenkirchen Hbf | P, G, R | 1951 | | Wanne | P, G, R | 1995 | |
| Gelsenk.-Bismarck | G, R | 1982 | Denkmal | Witten West | P, G, R | 1953 | |

In den dreißiger- und vierziger Jahren eröffnete die Reichsbahn im Spähenfelde das neue Betriebswagenwerk und dann gleich nebenan das Betriebswerk Dortmund Betriebsbahnhof (Bbf), das alte und beengte Bw Dortmund Hbf konnte damit aufgelöst werden. Im Bild unten sehen wir im nagelneuen Betriebswagenwerk eine ganze Reihe ebenso neuer Dieseltriebwagen für den Ruhr-Schnellverkehr. Heute gehört zum Werk Spähenfelde auch eine moderne Halle für die Wartung und Instandhaltung des ICE 3.

Als Einsatzstelle für ETA der Baureihen 177 (Foto) und 150 hat sich das Bw Recklinghausen, in dem um 1960 diese Aufnahme entstand, einen Namen gemacht. Die letzten ETA 177 im Ruhrgebiet wurden als Arbeitszüge eingesetzt.

im Zuge dieser Entwicklung eingesparten Arbeitsplätze dürfte nach Tausenden zählen. In den meisten Fällen verschwanden die Betriebswerke zusammen mit den Dampflokomotiven. Die letzten großen Bw mit Dampflokunterhaltung waren das Bw Duisburg-Wedau (Auslauf-Bw für die BR 50) sowie das Bw Gelsenkirchen-Bismarck, wo die letzten kohlegefeuerten 44er der Bundesbahn bis 1977 eine Heimat gefunden hatten.

Im Jahre 2005 waren von den einst vielen und vielseitigen Bahnbetriebswerken also nur noch ganz wenige in Betrieb. Im Werk Dortmund-Spähenfelde (früher: Bw Dortmund Betriebsbahnhof/Bbf) werden Strecken-Elloks für den Nah- und Regionalverkehr sowie Dieseltriebwagen für den gleichen Einsatzzweck unterhalten, außerdem ist Spähenfelde einer der Wartungsstützpunkte für die ICE-3-Flotte der Deutschen Bahn. Im neuen Werk Essen kümmert sich DB Regio vorrangig um Elektrotriebwagen, in Oberhausen-Osterfeld hat sich die Güterverkehrssparte der DB AG (Railion) auf schwere Strecken-Dieselloks konzentriert. Ein betriebsfähiges Dampflok-Bw gibt es aber auch noch: mit dem Eisenbahnmuseum Bochum-Dahlhausen der DGEG (siehe Seiten 153 ff.).

Bis Anfang der neunziger Jahre fuhren die ETA via Dorsten hinaus Richtung Münsterland. Das Foto entstand im April 1989 im Bahnhof Hervest-Dorsten, gleich hinter dem Bahnsteig kreuzte die Strecke nach Coesfeld/Borken die tiefer liegenden Reste der Strecke Haltern – Wesel.

## Endstation Ruhrgebiet: die Akkutriebwagen

Nach einigen Versuchen der Württembergischen und Sächsischen Staatseisenbahnen wandte sich 1907 auch die KPEV dem Bau von Akkumulator-Triebwagen (AT) zu. Durch Umbau dreiachsiger Abteilwagen gewann man erste Erfahrungen. Der serienmäßige Bau stand wesentlich unter dem Einfluss von Gustav Wittfeld (1855–1923). Nach seinen Vorgaben entstanden die „Wittfeld"-Akkutriebwagen mit ihren charakteristischen Vorbauten für die Batterien. Ab 1908 gingen bis 1914 insgesamt 178 Doppelwagen der Bauart AT3 in Dienst. Von Anfang an wurde auch das Ruhrgebiet mit Fahrzeugen der ersten Bauserie ausgestattet. Die AT eigneten sich hervorragend für schwach ausgelastete Neben- bzw. Zubringerstrecken.

Die ersten vier Doppelwagen wurden der (Akku-)Ladestelle Heißen (heute: Mülheim/Ruhr-Heißen) zugeteilt, 1910 kamen weitere vier, 1913 nochmals eine Einheit. Ab 1915 wurde die Ladestation Kettwig mit fünf der neun Heißener AT bedacht.

Der Fahrbereich der AT betrug je nach Batteriebauart 100 bis 130 km pro Ladung. Erste Einsatzstrecke der Heißener AT war die Verbindung von Heißen über Essen-Rüttenscheid, Steele, Altendorf nach Dahlhausen bzw. Hattingen. Später wurden Elberfeld, Osterfeld, Duisburg und Bottrop angefahren, ab 1935 sogar Düsseldorf und Moers.

Die Kettwiger AT fuhren hauptsächlich auf den Strecken Kettwig – Werden – Kupferdreh – Steele Nord und Kettwig – Mülheim-Styrum. Ihr Einsatzgebiet erweiterte sich später bis Düsseldorf, Gelsenkirchen, Bochum und Hattingen. Keiner der Zielbahnhöfe war von den Einsatzstellen Heißen und Kettwig mehr als 30 km entfernt. Die AT erreichten Laufleistungen von bis zu 440 km pro Tag, die Jahreslaufleistungen schwankten um die 100.000 km.

Ab 1928 unterstützen zwei AT der Bauart „Reichsbahn" (AT8) die schon betagten Wittfeld-AT. Bis Ende des Zweiten Weltkrieges änderte sich zunächst am Einsatz nicht viel. Die 1944 durch Kriegseinwirkungen zerstörte Ladestelle Heißen wurde behelfsmäßig wieder in Betrieb genommen, aber schon 1947 endgültig stillgelegt. Die Ladeanlage wurde nach Duisburg umgesetzt und dort im September 1948 in Betrieb genommen. Im gleichen Jahr wurden die verbliebenen AT in ein neues Nummernschema eingeordnet. Je nach elektrischer Ausrüstung und Innenraumgestaltung trugen die Fahrzeuge nun die Baureihenbezeichnungen ETA 178, 179 und 180. Einige ETA 180 wurden für einen längerfristigen Einsatz umfassend modernisiert und erhielten die Bezeichnung ETA 177. Die ETA fuhren ab 1950 von den Bw Recklinghausen (Ladestelle Sinsen), Kettwig und Duisburg aus. 1953 löste die DB das Bw Kettwig auf, die ETA kamen nach Essen Hbf; an ihren Einsätzen änderte das zunächst nichts.

Anfang der 1950er Jahre begann die Bundesbahn mit der Neukonstruktion von Akkumulator-Triebwagen, zwischen 1954 und 1965 ging schließlich die Baureihe ETA 150 mit 232 Exemplaren in Betrieb. Mit 300 bis 600 km Laufleistung pro Batterieladung waren diese erheblich leistungsfähiger als die Vorgänger. Das Bw Recklinghausen erhielt bereits im Sommer 1955 die ersten Neubau-ETA, welche in den Dienstplänen der alten AT-Typen eingesetzt wurden. Mit Erscheinen der neuen und komfortableren ETA 150 konnte man die älteren Baureihen ausmustern oder an andere Direktionen abgeben. 1960 stellte Kettwig, nun Außenstelle des Bw Essen Hbf, den ETA-Betrieb ein. Die letzten Wittfeld-AT im regulären Reisezugdienst bedienten die Verbindung Duisburg Hbf – Duisburg-Wedau.

Von nun an bildeten 37 Einheiten der Baureihe ETA 150 die Akku-Szenerie im Revier allein. Bis 1977 wuchs der Bestand auf 51 Einheiten des nun als Baureihe 515 bezeichneten Typs. Stationiert waren sie in den Bw Recklinghausen und Wanne-Eickel. Zum Februar 1970 übernahm das Bw Wanne-Eickel die 45 Recklinghauser ETA und wurde in der Folgezeit das Auslauf-Bw für die BR 515.

In den 1970er Jahren erreichte das Netz der befahrenen Strecken seine größte Ausdehnung. Die ETA waren auf fast jeder nicht elektrifizierten Personenbahn im Revier zu finden. Sie waren bei den Fahrgästen wegen ihres Komforts beliebt (leise!) und erwiesen sich als sehr zuverlässig. Aber ihre Unterhaltung wurde wegen der aufwändigen Akkumulatorentechnik immer teurer, andere Bundesbahn-Direktionen gaben die ETA ab, manche kamen noch ins

Ruhrgebiet; so war das Betriebswerk Wanne-Eickel zuletzt das einzige ETA-Bw der DB. Bis zum 23. September 1995 setzte es die Wagen ein, unter ihnen die vier ab 1993 lichtgraugrün lackierten und modernisierten Nokia-ETA für die Strecke Bochum – Bochum-Nokia (Bochum-Graetz) – Herne – Gelsenkirchen. Diese Verbindung war auch die letzte der DB mit ETA-Betrieb.

Ersetzt wurden die ETA vornehmlich durch moderne Dieseltriebzüge. Der Triebwagen 515 556 ist zusammen mit dem Steuerwagen ESA 815 672 im Eisenbahnmuseum Bochum-Dahlhausen als rollfähiges Exponat erhalten geblieben. ■

Lange Zeit fuhren die ETA alle Reisezüge der Emschertalbahn Dortmund – Herne. Das Foto unten entstand 1973 in Huckarde Nord. Die Förderanlagen der Zeche Hansa sind ebenso Geschichte wie die Baureihe 515.

In den Sechzigern wurde das AW Schwerte zum Sammelplatz seltener Dampfloks, die erhalten werden sollten, dann aber größtenteils doch verschrottet wurden. Unter ihnen war auch 17 218, die zuvor in der Lokführerschule Troisdorf als Lehrobjekt gedient hatte.

# Die Ausbesserungswerke

Schon bald kristallisierte sich bei den Eisenbahngesellschaften in der Fahrzeugunterhaltung eine gewisse Arbeitsteilung heraus. Während die (später so genannten) Bahnbetriebswerke für die laufende Unterhaltung und die Behebung kleinerer Schäden zuständig waren, konzentrierten sich andere, in der Regel deutlich größere Werkstätten mit nicht selten vierstelligen Beschäftigtenzahlen auf die Behebung größerer Schäden und auf die großen, periodisch wiederkehrenden Kontroll- und Instandsetzungs-Arbeiten; dazu konnte zu Dampfzeiten eine komplette Zerlegung und Wiederherstellung der Lokomotive gehören.

Die BME baute ihre „Central-Werkstätte" in Witten, und zwar im Gleisdreieck zwischen den Strecken nach Bochum und Dortmund (also an einem zentralen Punkt im BME-Netz). Das 1863 eröffnete Werk war im Wesentlichen für Loks und Wagen zuständig und gehörte zu den größten Anlagen seiner Art. In den 1920er Jahren ordnete die Reichsbahn die Aufgaben neu, Witten musste die Wagen- und Lok-Unterhaltung an andere, modernere Werke abgeben (vor allem Duisburg-Wedau und Schwerte). Fortan entwickelte sich das Werk Witten zu einem Spezialisten für Weichenbau und Instandhaltung, und auf diesem Feld ist das „Weichenwerk Witten" (offizieller Name seit 1994) auch noch heute tätig. Die Köln-Mindener Bahn hatte im Dortmunder Stadtteil Huckarde, wo sich die Stammstrecke und die CME-Emschertalbahn trennten, ihre Lok-Hauptwerkstätte, auch von hier wurde im Rahmen der Konzentration auf große, moderne Werkseinheiten die Lokausbesserung nach Schwerte verlagert. 1930 wurde das AW Dortmund geschlossen.

Auch die Rheinische Eisenbahngesellschaft verfügte im Ruhrgebiet über eine große Hauptwerkstätte für Loks und Wagen, sie wurde 1874 in (Mülheim-)Speldorf an ihrer Hauptlinie Dort-

Ein großes Werk: Luftaufnahme des AW Schwerte nach dem Zweiten Weltkrieg.

mund – Duisburg – Düsseldorf in Betrieb genommen. Als in Duisburg-Wedau das neue Wagen-Ausbesserungswerk seine Arbeit aufnahm (ab 1911), konzentrierte sich Speldorf auf Loks. Mit dem Niedergang der Dampftraktion sank auch die Bedeutung des Werks Speldorf, 1962 übernahm die Stadt Mülheim die Anlage und richtete darin einen Betriebshof für ihre Busse und Straßenbahnen ein.

Das Ausbesserungswerk Schwerte schließlich sollte die modernste und großzügigste Anlage ihrer Zeit werden. Am Heiligabend des Jahres 1914 hatten die Stadt (sie überließ den Baugrund kostenfrei) und die KED Elberfeld den Vertrag über den Bau des Werks geschlossen. Es entstand direkt neben dem Bahnhof Schwerte Ost, wo die 1913 eröffnete Verbindungsbahn von Block Heide (– Dortmund) auf die Obere Ruhrtalbahn trifft. Auf der anderen Seite des Werksgeländes errichtete man eine nach damaligen Maßstäben sehr großzügige und freundliche Eisenbahnersiedlung.

Der Bau der riesigen Werksanlagen verzögerte sich durch den Ersten Weltkrieg, erst am 1. Oktober 1922 wurde es eröffnet; eine weitere Ausbaustufe wurde im Zeichen der Wirtschaftskrise nicht mehr realisiert.

Das Ausbesserungswerk Schwerte beschäftigte als Dampflok-AW Mitte der zwanziger Jahre über 1600 Eisenbahner, zeitweilig (vor allem im Zweiten Weltkrieg) weit mehr als 2000 Menschen. Mit dem Niedergang der Dampftraktion begann auch der Abstieg der einst so modernen Werkstätte, 1967 schließlich wurde die Dampflokinstandsetzung aufgegeben; 43.000 Loks waren bis dahin in Schwerte wieder fit gemacht worden. Zum 1. April 1983 schließlich wurde das AW Schwerte als selbständige Dienststelle aufgelöst, die Verwaltung der Überbleibsel oblag fortan dem benachbarten AW Witten. Ein Teil der Hallen und Gebäude blieb erhalten und dient heute anderen Zwecken.

# Zechen-, Industrie- und Hafenbahnen

Im Bergbau erlebten viele Loks eine recht wechselvolle Laufbahn. Die hier auf Zeche und Kokerei Erin in Castrop-Rauxel zu sehende Diesellok war mit dem Eschweiler Bergwerks-Verein (EBV) zur RAG gekommen und kam nach der Stilllegung von Erin zur Zeche Westfalen in Ahlen, 1999 wurde sie an Adtranz verkauft.

ESCHWEILER
BERGWERKS-VEREIN
AG
41

Neben dem öffentlichen Streckennetz der Staatsbahn existiert(e) seit jeher auch eine Vielzahl an Werks- bzw. Industrie-, Zechen- und Hafenbahnen unterschiedlichen Zuschnitts, die zunächst nur dem örtlichen oder innerbetrieblichem Transport dienten. In einigen Fällen hat sich daraus ein größeres Netz entwickelt, das auch dem öffentlichen Verkehr gewidmet ist, wobei jedoch stets und bis heute die Interessen der Industrie im Vordergrund standen; Personenverkehr, wie etwa bei der Werne-Bockum-Höveler Eisenbahn (bis 1985), blieb eine Randerscheinung.

Mit dem Niedergang der Montanindustrie setzte auch bei deren Bahnen ein rasanter Strukturwandel ein, der zum einen das Ende vieler Betriebe bedeutete, zum anderen die verbliebenen zu größeren Einheiten zusammenschweißte und sie zur Übernahme neuer Aufgaben (Transporte für Dritte) zwang. Seit etwa 2004/2005 kommt ein weiterer Prozess hinzu: Die großen Unternehmen des Schienenverkehrsmarktes wie Railion (die Gütersparte der DB AG) oder Connex wollen die Überlebenden unter ihre Fittiche nehmen. Connex ist ein französisches Unternehmen, das vornehmlich in Niedersachsen, Ostwestfalen und Teilen Ostdeutschlands große Marktanteile im regionalen Personenverkehr gewinnen konnte und verstärkt auch im öffentlichen Schienengüterverkehr, wo man sich nach der DB (Stinnes/Railion) inzwischen auf Rang zwei einstuft, wachsen will.

## Zechenbahnen einst und heute

Zunächst zu den Anfängen. Eine Zechenbahn oder Gruben-Anschlussbahn besteht im einfachsten Fall aus dem eigentlichen Zechenbahnhof auf dem Betriebsgelände des Bergwerks und dem Anschlussgleis zur Staatsbahn. Zur Vereinfachung der Betriebsabwicklung wurde meist noch ein Übergabebahnhof zwischengeschaltet. Kaum eine größere Zeche kam oder kommt ohne solche Anlagen aus.

Die Zechenbahn dient(e) der Verbindung von Bergwerk und öffentlichem Eisenbahnnetz, zumeist auch dem Hafenanschluss und der Verbindung mehrerer Schächte über Tage. Häufig wurden auch Kokereien und Anlagen der Kohlechemie, Kraftwerke sowie Kohlen- und Bergehalden an die Zechenbahn angeschlossen.

Als „Unteranschließer“ kamen industrielle Kohleverbraucher wie Maschinen- und Stahlbaubetriebe, Ziegeleien, Brennereien und Brauereien, städtische Kraftwerke oder etwa die Staatswerft in Herne dazu. Über diese Gleise wurden natürlich auch andere Waren und Produkte als Kohle transportiert.

Die Zechenbahnen verfügten nicht nur über eigene Strecken, sondern auch über eigene Fahrzeuge. Eigenes Eisenbahnpersonal versah Betrieb und Unterhaltung. Beim Be- und Entladen sowie Verschieben und Abfertigen von Eisenbahnwagen war weiteres Personal beschäftigt, das in der Regel nicht zu den Bediensteten der Zechenbahn gehörte.

Seit den 1950er Jahren wurde der Betrieb der Zechenbahnen in erheblichem Umfang modernisiert und rationalisiert. Die wichtigsten Neuerungen neben der Einführung der Druckluftbremse waren: Die Umstellung des Güterwagenparks auf Großraum-Selbstentlader und der Zugförderung auf Diesel- und Elektrobetrieb (bis Ende der 70er Jahre war die Dampflokomotive aber bei vielen Zechenbahnen unverzichtbar), die Verbesserung der Sig-

RAG-Lok 505 war 1942 von Jung an die Städtischen Häfen in Köln geliefert worden, kam dann zur Köln-Frechen-Benzelrather Eisenbahn, 1958 zur Zeche Hannover und 1971 schließlich zur Zeche Consolidation in Gelsenkirchen, wo dieses Foto entstand. 1975 wurde sie verschrottet.

nal- und Stellwerkstechnik , Rangierfunk- und Funkfernsteuerung der Lokomotiven sowie Betriebsleitsysteme auf EDV-Basis.

Mit der Konzentration im Steinkohlebergbau, der Zusammenfassung zu Großschachtanlagen und Verbundbergwerken, entstanden immer größere, zusammenhängende Bahnnetze in der Hand weniger Betreiber, die mit dem Begriff „Zechenbahn“ kaum noch zu fassen sind. Beispiele sind die Bahn- und Hafenbetriebe der RAG oder der zum Thyssen-Krupp-Konzern gehörende Betrieb Eisenbahn und Häfen im westlichen Ruhrgebiet. Solche Betriebe versehen sowohl den Bahnverkehr für Bergbau und Stahlindustrie von und zur Deutschen Bahn und den Häfen als auch innerhalb der Werke. Mit der Liberalisierung der Verkehrsmärkte verkehren Züge mit Lokomotiven und Waggons solcher Bahnen auch über DB-Gleise und erbringen – zumal ein weiterer starker Rückgang der Kohleförderung absehbar ist – auch Leistungen für Dritte. Längst spielt beispielsweise der Transport und Umschlag von Import-Kohle z.B. für die RAG-Bahn eine herausragende Rolle.

## Eisenbahn und Häfen GmbH

Schauen wir uns die wichtigsten heutigen Unternehmen einmal kurz an. Die Eisenbahn und Häfen GmbH wurde 1949 gegründet und zählt heute zu den größten privaten Eisenbahn- und Hafenlogistikunternehmen in Deutschland. Mehrheitlich gehört Eisenbahn und Häfen zur ThyssenKrupp Stahl AG; zudem ist die RAG Logistik GmbH beteiligt. Für ThyssenKrupp Stahl sowie für das Bergwerk Lohberg der Deutschen Steinkohle und für weitere große Unternehmen der Stahl- und Chemiebranche leistet Eisenbahn und Häfen den innerwerklichen und teilweise auch regionalen Eisenbahngüterverkehr.

Gladbeck West ist zentrale Schnittstelle zwischen DB und Bahnen und Häfen. Die 151 der DB hat einen Kohlezug am Haken, vorn rangiert die nagelneue Diesellok 662 von BuH (rechtes Foto, April 1989). Linkes Foto: Von Rheinstahl kam diese vierachsige Ellok (Henschel/AEG 1966) zur Ruhrkohle AG, wo man ihr die BuH-Nummer E 423 gab. Hier sehen wir sie im August 1981 vor der Kulisse der Kokerei Prosper in Bottrop.

Rund 1.300 Mitarbeiter, knapp 100 Lokomotiven und 2.000 Eisenbahnwaggons sowie 15 Kran- und Umschlaganlagen stehen dafür zur Verfügung. Auf über 500 Kilometern eigener Gleise mit über 1500 Weichen ist Eisenbahn und Häfen Betriebsführer und unterhält damit eines der größten DB-unabhängigen Gleisnetze in Deutschland, aber auch auf den Gleisen der DB ist das Unternehmen aktiv.

## RAG Bahn- und Hafenbetriebe

Die RAG Bahn- und Hafenbetriebe entstanden zwischen 1970 und 1975 aus dem Zusammenschluss von zehn Zechenbahnen im mittleren Ruhrgebiet. 1991 wurde das Gleisnetz um weitere Bahnbetriebe der Ruhrkohle AG im Osten (Bergwerk Westfalen in Ahlen; inzwischen geschlossen) und Westen (Kamp-Lintfort ist der westlichste Standort) ergänzt und umfasste Anfang der neunziger Jahre 432 km (davon 186 km unter Fahrdraht); die Streckenlänge betrug nun rund 130 km, zugleich wurde damals ein Wagenpark von rund 130 Lokomotiven und 3.400 Güterwagen unterhalten. Das Netz war damals über ca. 25 Übergabebahnhöfe an die Deutsche Bahn AG sowie über elf Häfen an die Binnenschifffahrt angebunden.

Vorläufer der Bahn- und Hafenbetriebe war die Königliche Zechenbahn, die 1913 als Betriebsabteilung der Königlich Preußischen Bergwerksdirektion Recklinghausen gegründet wurde und alle Zechenbahnen der Bergwerksinspektion zusammenfasste. Ab 1910 bereits verband eine durchgehende Zechenbahn die Bergwerke Rheinbaben, Möller, Scholven, Bergmannsglück und Westerholt. 1914 wurde am Rhein-Herne-Kanal in Bottrop ein eigener Hafen in Betrieb genommen und die Abteilung in Zechenbahn- und Hafenverwaltung (ZuH) umbenannt. Auf diese Zeit gehen auch die Ursprünge der Werkstattanlagen in der Talstraße in Gladbeck zurück, die heute das Herzstück des RAG-Bahnbetriebs darstellen. 1917 gelangte auch die Bergwerksgesellschaft Hibernia in Staatsbesitz, ein Teil des Streckennetzes (Zechen General Blumenthal und Schlägel & Eisen samt Hafenbahn nach Wanne West) wurde 1936 in die ZuH eingegliedert.

Die RAG Bahn und Hafen GmbH beschränkt ihre Aktivitäten längst nicht mehr auf das eigene Gleisnetz. In Kooperation mit der Deutschen Bahn AG transportiert sie mit ihren Lokomotiven Güter über das öffentliche DB-Netz. Loks mit dem RAG-Zeichen sind dabei auch weit außerhalb des Ruhrgebiets anzutreffen (heutiger Name: Veolia Cargo Deutschland). Anfang 2005 hat die RAG Aktiengesellschaft ihre Tochter RAG Bahn und Hafen GmbH an die Railion Deutschland AG übergeben (Railion ist eine Tochter der Stinnes AG, der Transport- und Logistiksparte der Deutschen Bahn AG). Das verkaufte Logistik-Geschäft der RAG beschäftigte zu diesem Zeitpunkt rund 950 Mitarbeiter und verfügte über 110 Loks und 2.300 Waggons.

## Dortmunder Eisenbahn

Während also die RAG ihren Eisenbahn-Verkehr (nicht aber das Gleisnetz) an die Deutsche Bahn AG übergibt, geschah Ähnliches im östlichen Ruhrgebiet: Hier ging – etwa zu gleicher Zeit, als der RAG-Railion-Deal bekannt wurde – die Dortmunder Eisenbahn eine enge Verflechtung mit dem DB-Konkurrenten Connex ein: Connex Cargo Logistics GmbH erwarb rückwirkend zum 1. Juli 2004 von der ThyssenKrupp Stahl AG deren Beteiligung an der Dortmunder Eisenbahn GmbH (DE). Weiter beteiligt bleibt wie bisher die Dortmunder Hafen AG als Unternehmen der Stadt Dortmund. Um die gesetzlichen Anforderungen an die Trennung von Fahrweg und Betrieb zu erfüllen, wurde die DE im Zuge der Transaktion aufgespalten: Unter dem Traditionsnamen Dortmunder Eisenbahn GmbH firmiert nun die Eisenbahnverkehrsgesellschaft (gleichzeitig Eigner des rollenden Materials), an der Connex 65 Prozent, während die Dortmunder Hafen AG 35 Prozent hält. Die Hafen AG wurde dann mit 81 Prozent Mehrheitseigentümer der neuen DE Infrastruktur GmbH, während Connex die restlichen 19 Prozent übernimmt.

Die DE hat 2006 mit etwa 190 Mitarbeitern und rund 30 Loks (davon etwa ein Drittel am Standort Bochum für ThyssenKrupp im Einsatz) einen Umsatz von 29 Mio. Euro erzielt. Die DE verfügt über rund 564 Waggons, 50 km öffentliche und 100 km nichtöffentliche Eisenbahn-Infrastruktur, vor allem in den Werken von ThyssenKrupp.

Die Dortmunder Eisenbahn, einst entstanden aus der städtischen Hafenbahn und der Hoesch-Werksbahn, zählt heute zu den größten nicht-bundeseigenen Eisenbahnen Deutschlands. Mit dem Wegfall der so genannten Flüssigphase in der Stahlherstellung am Standort Dortmund hatte die Bahn einen Großteil ihres klassischen Verkehrsaufkommens verloren und musste sich seitdem regional und überregional neue Transportaufgaben erschließen.

## Noch ganz städtisch – die WHE ...

Neben rein privaten (ThyssenKrupps Eisenbahn und Häfen GmbH) und nunmehr gemischt öffentlich-privat organisierten Eisenbahn-Unternehmen (DE, letztlich aber auch RAG/Railion, da die DB AG sich ja in Staatseigentum befindet) gibt es noch eine weitere Form: rein kommunale Betriebe. Musterbeispiel ist hier die Wanne-Herner Eisenbahn und Hafen GmbH (WHE), die 1913 mit der Inbetriebnahme des Kanalhafens am Rhein-Herne-Kanal ins Leben gerufen wurde und sich im Eigentum der Stadt Herne befindet.

Eisenbahn und Montanindustrie lassen sich im Ruhrgebiet heute nur noch an wenigen Stellen gemeinsam ablichten, aktive Hochöfen gibt es nur noch in Duisburg. Lok 502 der Eisenbahn und Häfen GmbH (EH) rangiert vor der Thyssen-Hütte in Duisburg-Bruckhausen.

Das (öffentliche) WHE-Gleisnetz ist unmittelbar mit dem Netz der Deutschen Bahn AG und dem der Bahn- und Hafenbetriebe der RAG verbunden, an das europäische Wasserstraßennetz ist die Wanne-Herner Eisenbahn über drei Häfen am Rhein-Herne-Kanal angebunden. Viel Verkehr produziert dort vor allem die moderne Kohlenmischanlage, wo heimische- und Importkohle je nach den Wünschen des Kunden kombiniert und verladen wird. Die Importkohle spielt allgemein eine kräftig wachsende Rolle und beschert auch den Häfen (und Hafenbahnen) in Duisburg-Ruhrort, Bottrop, Orsoy, Herne-Julia oder Dortmund-Hardenberghafen ein beachtliches Wachstum.

Acht eigene MaK-Diesellokomotiven und Güterwagen verschiedener Größe stehen den Kunden zur Verfügung; in 2004 hatte das Unternehmen rund 240 Mitarbeiter. Die WHE erbringt ihre Fahrten hauptsächlich auf dem eigenen Netz, Fahrten auf DB-Strecken sind von vergleichsweise geringem Umfang.

Zum Schluss ein weiteres Beispiel für eine Bahn mit kommunalen Wurzeln. Am linken Niederrhein hat sich aus der ehemaligen Moerser Kleinbahn mit der Niederrheinische Verkehrsbetriebe AG (NIAG) ein munterer Verkehrsdienstleister entwickelt, Eigentümer sind die Kreise Wesel und Kleve. Zum einen ist die NIAG der größte Anbieter für den öffentlichen Busverkehr am unteren Niederrhein. Zum anderen fährt die NIAG auf der ihr verbliebenen Strecke Moers – Orsoy – Rheinberg sowie auf dem DB-Streckennetz der Region mit rund einem Dutzend Dieselloks Güterzüge. Im Mittelpunkt steht dabei die Abfuhr von Importkohle vom Rheinhafen Orsoy zum Kunden. ■

Unter Volldampf geht Lok 21 hier im März 1971 auf der Zeche Hannover in Bochum-Hordel ihrer Kräfte zehrenden Tätigkeit nach. Die erst 1960 von Krupp gebaute Lok landete 1975 unter dem Schneidbrenner.

Drei Bilder von der Lokproduktion bei Krupp aus den dreißiger Jahren: In der Rad-Formerei wird der Stahlguss von Radsternen vorbereitet.

Noch dominiert Handarbeit: Unter einem mächtigen Hammer wird eine Lokomotivachse geschmiedet.

Die nahtlosen Eisenbahn-Radreifen von Krupp waren schon vor Aufnahme der Herstellung kompletter Loks ein Meilenstein in der Werks- und Industriegeschichte.

# Lokomotivbau im Ruhrgebiet

Die Geschichte des Lokomotivbaus an Rhein und Ruhr ist noch nicht geschrieben worden, und auch dieses kleine Buch will und kann diese Lücke natürlich nicht schließen. Im Folgenden sollen deshalb nur einige wenige Schlaglichter angesprochen werden. Bei Nicht-Fachleuten kaum bekannt ist die Tatsache, dass im Ruhrgebiet bereits Lokomotiven gebaut wurden, als hier von den Eisenbahnen noch gar nichts zu sehen war. Es spricht für den Mut der Unternehmensführung, dass die Firma Jacobi, Haniel & Huyssen in Sterkrade, Vorläufer der Gutehoffnungshütte, schon im Jahre 1839 eine Lokomotive an die Rheinische Eisenbahngesellschaft (RE) für deren Strecke Köln – Aachen lieferte; sie erhielt den Namen „Ruhr“ (damals wurden Loks noch mit Namen, nicht mit Betriebsnummern gekennzeichnet) und hatte die Achsfolge 1A1 (also eine Treibachse zwischen je einer Vor- und Nachlauf-Achse). 1841 gab die RE das Maschinchen an die Taunus-Eisenbahn Frankfurt – Wiesbaden weiter (die Reise musste damals noch per Schiff unternommen werden), wo sie später noch einmal umgebaut wurde; um 1860 soll sie ausgemustert worden sein. 1842 bis 1845 lieferte Jacobi, Haniel & Huyssen insgesamt drei weitere Loks, eine an die Düsseldorf-Elberfelder Bahn, zwei an die Cöln-Mindener; 1850 schließlich folgte eine Lok für die Aachen-Düsseldorf-Ruhrorter Bahn. Damit endet bereits die Lieferung von Lokomotiven an externe Kunden. Die nächsten drei – zugleich die letzten – von diesem Unternehmen gebauten Loks entstanden 1855 und machten sich als hauseigene Werkloks jahrzehntelang auf der Gutehoffnungshütte nützlich, eine von ihnen wurde erst 1956 ausgemustert.

## Hohenzollern und Krupp

Im Ruhrgebiet selbst blieb der (Vollbahn-)Lokomotivbau für Jahrzehnte nur eine Randerscheinung, das Herz dieses Industriezweiges schlug vor allem in Berlin (Borsig, Schwartzkopff usw.) und in Kassel (Henschel). Dafür etablierte sich im benachbarten Düsseldorf mit der Hohenzollern AG ein Hersteller, dessen Loks auf den Zechen- und Werksbahnen des Reviers bald allgegenwärtig sein sollten. Bedeutende Leistungen waren aber auch die Lieferungen an die Staatsbahnen in Holland und in der Sowjetunion (2E1-Großdiesellok) und natürlich an die Preußische Staatseisenbahn bzw. die Deutsche Reichsbahn (P8, BR 01).

1929 geriet das Unternehmen – es hatte inzwischen über 4000 Lokomotiven gebaut und just die Lokomotivfertigung von Humboldt (Köln) übernommen – im Zuge der Weltwirtschaftkrise in Bedrängnis und übertrug seine Geschäfte an Krupp; mit den Essenern hatte man bereits kurz zuvor gemeinsam Aufträge erfüllt. Das Werk in Düsseldorf wurde in Folge der Übernahme geschlossen.

Krupp selbst gehörte damals zu den Newcomern im Lokomotivbau. Zwar hatte das Unternehmen bereits seit Mitte des 19. Jahrhunderts einen hervorragenden Ruf als Hersteller von wichtigen Eisenbahn-Fahrzeugteilen (Achsen, Kolbenstangen, Fahrzeugfedern, Radsätze, Radreifen usw.; drei Eisenbahn-Radreifen bilden bekanntlich das Krupp-Firmensymbol) vor allem aus Gussstahl, baute aber keine kompletten Lokomotiven. Das änderte sich erst nach dem Ersten Weltkrieg, als das bisherige Hauptgeschäftsfeld, die Produktion von Rüstungsgütern, zusammenbrach und das Unternehmen auf neue Produkte ausweichen musste. Dies taten die Essener in großem Stil und mit Erfolg. Am 10. Dezember 1919 wurde die erste Lok ausgeliefert. Und während viele andere etablierte Lokhersteller im Zeichen ausbleibender DRG-Aufträge während der Weltwirtschaftskrise (den Lokbau) aufgeben mussten, setzte Krupp auf Expansion. 1929 übernahm man die DRG-Lokquoten (die Reichsbahn vergab ihre Aufträge an die Hersteller damals nach einem festgelegten Schlüssel) der Lokomotivfabrik Hohenzollern und damit verbunden die einstigen Quoten der Maschinenbau-Gesellschaft Karlsruhe und von Humboldt. 1930 teilte sich Krupp die Lokquote der Linke-Hofmann-Werke (Breslau) zusammen mit Henschel in Kassel und stieg damit endgültig in den Kreis der großen Anbieter auf.

Krupp-Lokomotiven gingen nicht nur an die preußische- bzw. deutsche Staatsbahn. Da die Reichsbahn Mitte der 20er Jahre zusehends weniger Aufträge vergab, bemühte sich Krupp erfolgreich um Lieferungen ins Ausland und an Privat- und Werkbahnen; auch zahllose Gruben- und Feldbahnloks wurden hergestellt. Für die Reichsbahn und später die Bundesbahn wurden nicht nur die üblichen Einheits- bzw. Neubauloks geliefert (BR 01, 03, 44 und 50, 86; BR 23, 82, E 10, E 40, E 50, V 60-, V 100- und V-160-Typen), sondern auch herausragende Stücke, beispielsweise die diesel-elektrischen Doppelloks V 188 und die beiden (zu groß geratenen) Stromlinien-Schnellzugloks 06 001 und 002 für die Reichsbahn sowie die letzte Schnellzugdampflok-Entwicklung für die Bundesbahn, die 10 001 und 002.

1961 wurde das Unternehmen in eine GmbH umgewandelt, aus der 1992 die Krupp Verkehrstechnik GmbH entstand. Gleichzeit wurden in dieses Unternehmen die MaK-Werke in Kiel und Moers eingegliedert, an denen Krupp schon seit 1964 beteiligt war. 1994 gab Krupp die Verkehrstechnik GmbH an die Siemens Schienenfahrzeugtechnik ab, drei Jahre später, am 3. Mai 1997, wurde der Lokomotivbau in Essen aufgegeben; Siemens konzentrierte seine Lokherstellung nun auf die zum Konzern gehörenden Krauss-Maffei-Werke in München. Das letzte in Essen ausgelieferte Fahrzeug war im März 1997 der ICE-Triebkopf 402 046-7; er trägt die Krupp-Fabriknummer 5727.

## Orenstein & Koppel, Ruhrtaler Maschinenfabrik

Die Firma Orenstein & Koppel hat noch heute vor allem als Baumaschinen-Produzent einen bekannten Namen. Das Ende des 19. Jahrhunderts im Berliner Raum entstandene Unternehmen verfügte bald über zahlreiche Werke in Deutschland, darunter auch eine Fabrik für Feldbahnen in Bochum, 1893 eröffnete man die Fabrik in Dorstfeld. Die Dortmunder Produktionsstätte betätigte sich als Hersteller von Fahrzeugen für den Bergbau und für Feldbahnen, aber es wurden auch Regelspur-Fahrzeuge für die „große" Eisenbahn gebaut; technisch herausragende Konstruktionen waren nicht darunter. Die Fabrik in Dortmund schaffte die Umstellung von Dampf- auf Dieseltraktion, hier entstanden zwischen

Drei weitere Bilder aus der Krupp-Lokomotivherstellung vor dem Zweiten Weltkrieg. Hier sieht eine ganze Reihe für den Export bestimmter Loks der Fertigstellung entgegen.

Ein Stehkessel auf dem Bohrwerk. In die Bohrungen werden später die Stehbolzen eingeschraubt.

Sechs 1E1-Güterzugloks für China beim Zusammenbau. Der Export nach Asien und Südamerika, aber auch nach Südafrika war ein unverzichtbarer Pfeiler des Krupp-Lokgeschäfts.

1950 und 1982 (Ende des Lokomotivbaus) noch mehr als 1700 Dieselloks, außerdem zahllose Güterwagen.

Ein heute kaum noch bekannter Lokomotivhersteller ist die Ruhrthaler Maschinenfabrik, Mühlheim/Ruhr. Das 1899 gegründete Unternehmen baute hauptsächlich Gruben-, Feld- und Werkbahnloks und machte sich bald auch als Hersteller von (kleinen) Dieselfahrzeugen einen Namen. Ende der fünfziger Jahre gab die Firma den Bau normalspuriger Rangierlokomotiven auf, im Zeichen der Bergbaukrise ließ später auch der Absatz von Gruben- und Feldbahnfahrzeugen stark nach, Anfang der neunziger Jahre stand das Unternehmen vor dem Aus. Ein neuer Eigentümer sicherte zunächst den Bestand und verlagerte bald darauf den Lokomotivbau nach Moers; in Mülheim waren bis dahin fast 3700 (Klein-)Loks gebaut worden. Unter dem neuen Namen „Ruhrthaler Betriebs-GmbH & Co. KG“ wurde dort die Produktion weitergeführt, allerdings mit nur noch bescheidenen Stückzahlen.

Nagelneu aussehende Diesellokomotiven kann man aber auch heute gelegentlich noch im Ruhrgebiet sehen. Nicht selten dürfte das folgende Hintergrund haben: In Hattingen bietet seit vielen Jahrzehnten die Firma Reuschling die Reparatur, Wartung und Modernisierung von Diesellokomotiven an, was bis zu einem Komplettumbau gehen kann. 1914 war das Unternehmen von Karl Reuschling als „Westfälische Lokomotiv- und Maschinen-Industrie GmbH“ gegründet worden, ist allerdings als kompletter Lokhersteller nicht in Erscheinung getreten.

Dies zum Thema Lokomotivbau im Ruhrgebiet. Lokomotiven sind sicherlich das auffälligste – man könnte sagen: populärste – technische Element der Eisenbahn. Für die Entwicklung des Ruhrgebiets als Industriestandort, als Lieferant von Eisen und Stahl waren andere Produkte ebenso wichtig. Ohne die enorme Nachfrage der entstehenden Eisenbahnen nach Schienen wäre die Stahlindustrie im Revier niemals so schnell auf die Beine gekommen, Piepenstock (Hermannshütte in Hörde) und Hoesch in Dortmund, sie kamen wie so viele andere über die Schienen auf den Markt – im doppelten Sinne. Aber all das ist eine – große – andere Geschichte ... ■

Zwei typische Beispiele für die (späte) Dortmunder Lokproduktion von Orenstein & Koppel: Oben zwei Maschinen für das Paketpostamt 77 in Berlin, aufgenommen auf dem Dorstfelder Werksgelände kurz vor der Ablieferung 1967, unten zwei im gleichen Jahre entstandene Grubenbahn-Loks.

# Strecken-Geschichte(n)

## Die CME- und BME-Stammstrecken

Praktisch unverändert in ihrer Streckenführung – von kleineren Korrekturen vor allem im Bereich der Bahnhöfe, wie sie bei Neu- oder Ausbauten üblich sind, einmal abgesehen – präsentiert sich bis heute die älteste öffentliche Eisenbahnstrecke des Ruhrgebiets, nämlich die Stammlinie der Köln-Mindener Eisenbahngesellschaft (CME). Am 20. Dezember 1845 war das erste Teilstück von (Köln-)Deutz bis Düsseldorf eröffnet worden, am 9. Februar 1846 folgte Düsseldorf – Duisburg, am 15. Mai 1847 das 87,6 km lange Teilstück Duisburg – Altenessen – Wanne – Dortmund – Hamm.

In ihrem Verlauf praktisch unverändert – das gilt auch für die BME-Stammstrecke. Das erste Teilstück Elberfeld – Oberbarmen – Schwelm war am 9. Oktober 1847 in Betrieb ge-

Ein Blick über den Lokschuppen des Bw Bochum-Dahlhausen hinweg ins Ruhrtal Mitte der 1950er Jahre. Die Lok der Baureihe 78 zieht fünf alte preußische Dreiachser und einen zweiachsigen Stahlwagen aus Reichsbahn-Zeiten („Donnerbüchse") auf der aus Steele kommenden Strecke (1863 eröffnet von der BME); heute fährt hier die S-Bahn. Hinter dem Zug sieht man die Brücke der BME-Ruhrtalbahn von Bochum-Dahlhausen über Altendorf nach Überruhr (eröffnet 1874); in Altendorf wiederum zweigte die RE-Strecke über Steele Süd, Rellinghausen, Rüttenscheid und Margarethenhöhe nach Mülheim-Heißen ab. Beide Altendorfer Strecken sind längst stillgelegt (siehe die Angaben auf der Karte auf Seite 145).

gangen, allerdings zunächst nur für den Personenverkehr. Der Güterverkehr wurde hier erst am 20. Dezember 1848 aufgenommen, und zwar nun durchgehend bis Dortmund. Den Personenverkehr zwischen Schwelm und Dortmund über Hagen und Witten gab die BME allerdings erst am 9. März 1849 frei.

Fast 140 Jahre lang diente die BME-Stammstrecke so dem Personenfern- und Nahverkehr zwischen Dortmund und Wuppertal. Im Zuge des S-Bahn-Baus musste dann aber im Dortmunder Hauptbahnhof eine Trennung der Gleise für Nah- und Fernverkehr geschaffen werden, da die Lage der Fernbahnsteige es sonst erfordert hätte, dass die Fernzüge der Relation Dortmund – Hagen sämtliche S-Bahngleise kreuzten; angesichts des dichten S-Bahn-Verkehrs war das undenkbar. Also schuf die Bundesbahn eine kleine Neubaustrecke. Sie zweigt zwischen Dorstfeld und Langendreer aus den Fernzuggleisen von/nach Bochum ab und wird dann über Dämme und durch einen Tunnel zur Strecke Bochum – Witten geführt und in diese eingefädelt; am 28. Mai 1988 ging diese Neubaustrecke in Betrieb. Mit anderen Worten: Wer von Dortmund nach Hagen den IC/ICE oder RE wählt, benutzt ab Dortmund in etwa die alte BME-Trasse nach Bochum (eröffnet am 5. Oktober 1862), dann

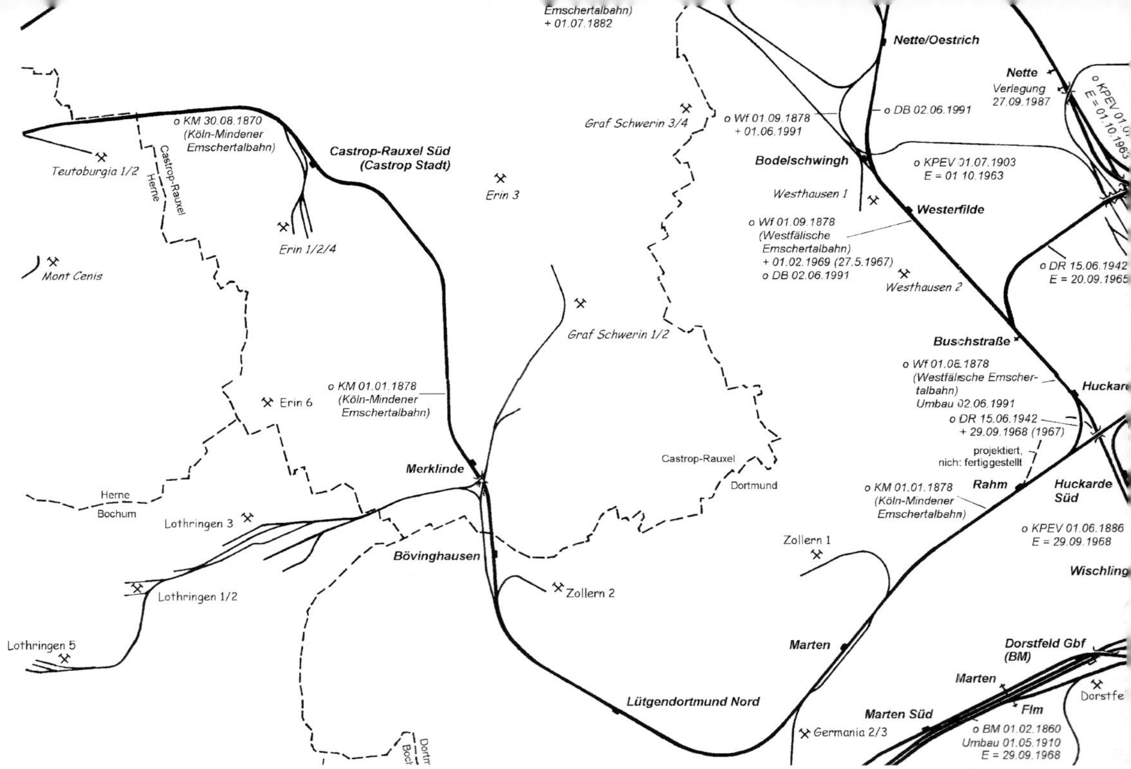


Das Eisenbahnnetz von Dortmund in seiner Entwicklung. Einige in der Frühzeit geschaffene Problemfälle wirken sich bis heute aus, etwa das Zusammentreffen der BME-Strecken Hbf – Witten/Bochum mit den WE/RE-Linien (über Dortmund Süd) in Dorstfeld. Da man vom Südbahnhof nicht direkt zum Hauptbahnhof fahren konnte, musste in Dorstfeld ein zusätzlicher S-Bahn-Knoten geschaffen werden.

eine Neubaustrecke und schwenkt schließlich kurz vor Witten in eine andere alte BME-Strecke ein (Witten – Langendreer – Bochum [siehe unten]). Über die einstige Dominanz der BME im Raum Dortmund/Bochum/Witten dürfte damit schon einiges gesagt sein.

## Die „Bergisch-Märkische" Dortmund – Essen – Duisburg

Die nach wie vor wichtigste Schienenverkehrsachse des Ruhrgebiets ist die zentrale Ost-West-Magistrale Dortmund – Bochum – Essen – Mülheim – Duisburg, von den Eisenbahnern wird sie noch heute schlicht die „Bergisch-Märkische" genannt. Diese Bezeichnung hat ihren Ursprung wohl in dem Bemühen, eine ebenso klare wie einprägsame Benennung der drei großen Ost-West-Routen zwischen Dortmund und Duisburg zu finden, also in Abgrenzung zur „Köln-Mindener", womit deren Stammstrecke gemeint ist, und zur „Rheinischen", womit die (heute zum Teil schon stillgelegte) Güterzugstrecke bezeichnet wird.

Kommen wir also zur Ost-West-Strecke der BME. Wie oben gesehen, ging diese am 5. Oktober 1862 von Dortmund aus bis Langendreer in Betrieb; in Langendreer bestand damals bereits Anschluss an die BME-Strecke Witten – Bochum Süd (dieser Bahnhof lag in etwa an der Stelle des heutigen Hauptbahnhofs und war damals Bochums wichtigster Reisezug-Bahnhof),

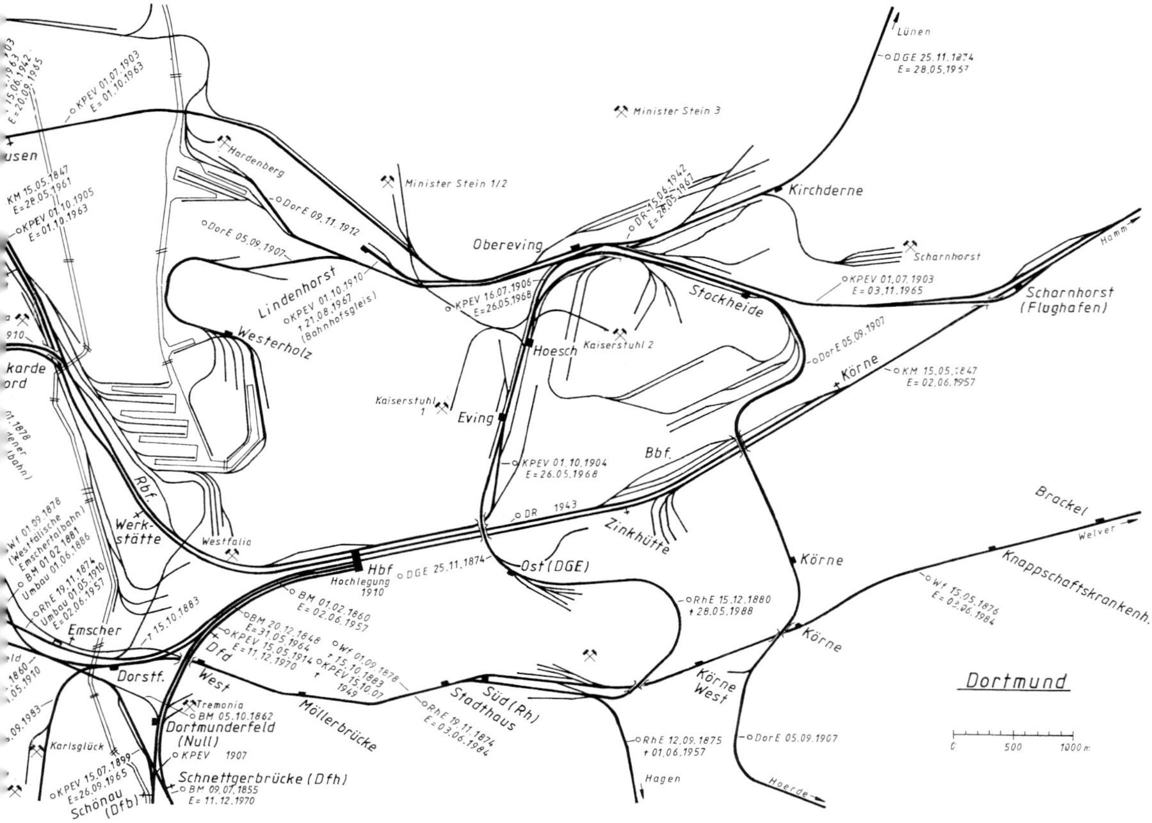


eröffnet am 26. Oktober 1860. Und von Bochum Süd konnte man bereits seit dem 1. März 1862 über Steele nach Essen und weiter über Mülheim nach Duisburg fahren, natürlich in einem Zug der BME; Bochum – Mülheim hatte die BME am 1. März 1862 eröffnen können, Mülheim – Duisburg am 1. Mai 1862. (Übrigens: Bereits seit dem 19. August fuhren BME-Züge auf der knapp fünf Kilometer langen Verbindung zwischen Hochfeld Süd (Rheinhafen) und Duisburg, allerdings gab es hier stets nur Güterverkehr.) Die so aufgebaute BME-Strecke Dortmund – Duisburg ist allerdings zwischen Bochum und Essen nicht identisch mit derjenigen, auf der heute die ICE, IC oder RE-Züge fahren, denn die nehmen ja den Weg über Wattenscheid; Bochum Süd – Wattenscheid – Essen wurde erst deutlich später eröffnet, natürlich von der BME: Am 1. November 1874 für den Güterverkehr (diesem sollte die Route damals vor allem dienen), am 1. Januar 1875 war auch für den Personenverkehr der Weg über Wattenscheid frei. Den älteren Weg Bochum – Steele – Essen nutzt heute bekanntlich die S-Bahn (S1).

## Die „Rheinische" Strecke

Der Konterpart zur „Bergisch-Märkischen" war über Jahrzehnte die „Rheinische" – als zentrale Ost-West-Güterzug-Magistrale durchs Revier. Seit wenigen Jahren ist sie in zentralen Abschnitten stillgelegt.

Als letzte der drei großen westdeutschen Eisenbahngesellschaften machte sich die Rheinische Eisenbahngesellschaft (RE) mit Sitz in Köln an die Erschließung des Ruhrgebiets. Dazu bedurfte es erst einmal eines Rheinübergangs, denn bis dahin war das RE-Netz auf die linke Rheinseite begrenzt. Dieser Rheinübergang entstand in Form einer Fährverbindung bei Rheinhausen und lag im Verlauf der am 23. August 1866 (Personenverkehr ab 1. September 1866) eröffneten Strecke Krefeld – Uerdingen – Hohenbudberg – Duisburg Hochfeld Süd – Speldorf – Mülheim (Ruhr) – Essen Nord. Im Steigungsabschnitt hinauf nach Essen östlich von Mülheim (Heißener Berg) entstand die RE-Strecke direkt neben der BME-Magistrale. Der Abschnitt Essen Nord – Kray Nord – Gelsenkirchen Wattenscheid folgte am 15. Dezember 1868 für den Güter- und am 1. Januar 1868 für den Personenverkehr. 1874 vervollständigte die RE in einem bemerkenswerten Kraftakt ihre Ruhr-Strecke: Zunächst wurde am 15. Oktober Gelsenkirchen-Wattenscheid – Bochum Nord in Betrieb genommen, dann am 19. November im Osten Bochum Nord – Langendreer – Lütgendortmund – Dortmund-Dorstfeld – Dortmund Süd, im Westen Mülheim-Speldorf – Wedau – Ratingen West – Düsseldorf-Rath – Düsseldorf-Eller – Hilden – Opladen – Köln-Mülheim. Von nun an konnten Züge der RE also von Dortmund über Essen Nord und Mülheim nach Krefeld (mit Benutzung der Rheinfähre, ab 1873 dann über die feste Rheinbrücke) und nach Düsseldorf/Köln fahren.

Bemerkenswert ist, dass zwischen Langendreer und Dorstfeld die Gleise der RE und BME einmal mehr dicht nebeneinander lagen, in Dorstfeld trennten sich aber die Wege: die BME führte zum gemeinsam mit der CME genutzten Gemeinschaftsbahnhof, die RE zum Südbahnhof, dessen Reste noch heute im Stadtbild erkennbar sind (unweit der heutigen S-Bahn-Station Dortmund Stadthaus).

Zurück zum Begriff „Rheinische" Strecke. Dieser bezeichnete nun also die vornehmlich, zeitweilig sogar ausschließlich dem Güterverkehr dienende Verbindung Dorstfeld – Langendreer – Bochum Nord – Essen Nord – Speldorf – Wedau.

Aber diese im Laufe der Zeit immer weiter auf ihre Aufgabe als Güter-Abfuhrstrecke (zweigleisig, durchgehend elektrifiziert) im Herzen des Reviers spezialisierte Verbindung besteht so nicht mehr. Zwischen Mülheim-Speldorf und Essen Nord wurde sie 2002 stillgelegt und die Fahrleitung abgebaut, von dort bis Bochum Nord ist sie nur noch abschnittsweise in Betrieb, wobei Bochum Nord – Bochum Präsident zur Bedienung der ThyssenKrupp Stahl AG dient. Als Abfuhrstrecke für Kohle und Stahl war der Abschnitt Bochum Nord – Duisburg-Hochfeld Süd der „Rheinischen" inzwischen verzichtbar, außerdem sollte die Trasse für das – gescheiterte – Projekt „Metrorapid" (Magnetschwebebahn) genutzt werden.

(Oberhausen –) Duisburg-Wedau – Ratingen West – Düsseldorf-Rath – Düsseldorf-Eller – Hilden – Opladen – Köln-Mülheim ist noch in Betrieb und dient weiterhin als zweigleisige Hauptbahn dem dichten Güterverkehr (heute ohne Personenverkehr).

## Die Ruhrtalbahn der BME

Der Begriff Ruhrtalbahn ist auch heute den meisten Eisenbahnfreunden geläufig. Sie verbinden damit zuallererst die regelmäßig zwischen Hagen und dem Eisenbahnmuseum Bochum-Dahlhausen verkehrenden Dampfzüge oder Schienenbusse. Einen hohen Bekannt-

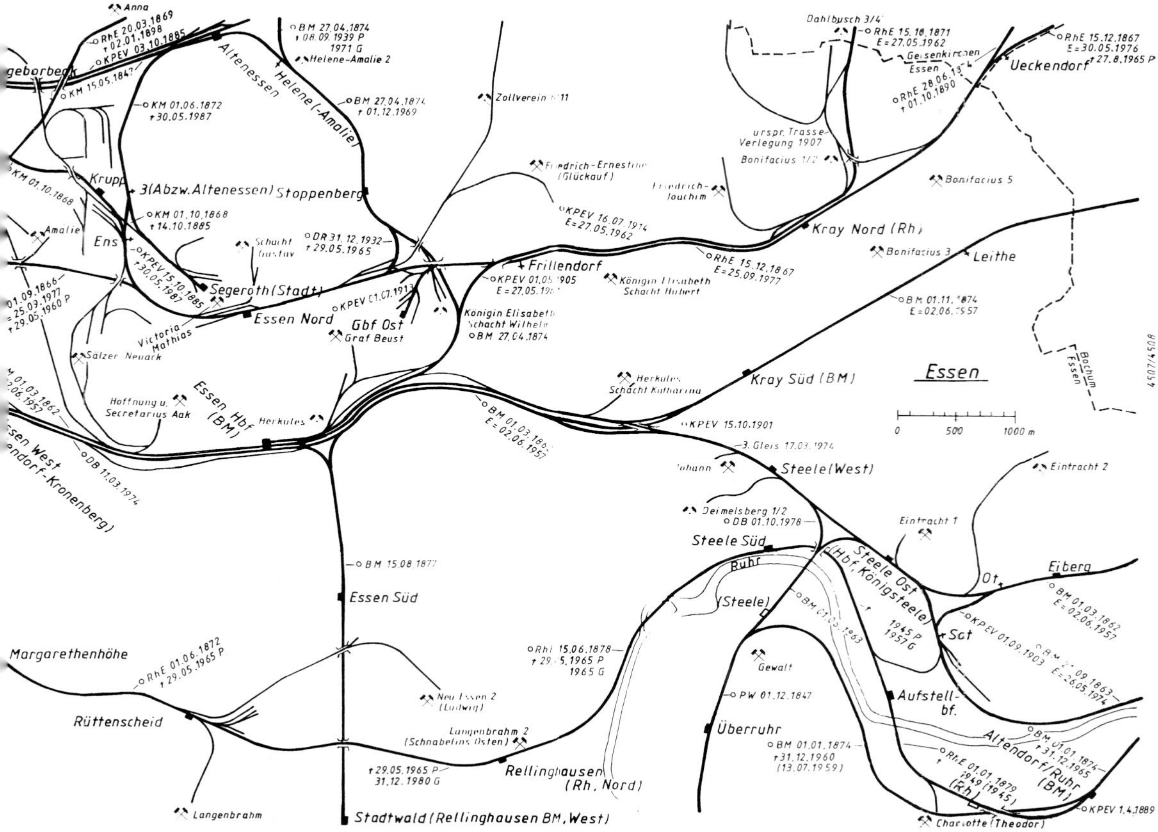


Auch Essen wurde von teilweise parallel liegenden Strecken in Ost-West-Richtung durchzogen, der für das gesamte Ruhrgebiet typische Mangel an leistungsfähigen Nord-Süd-Linien ist auch hier auffällig.

heitsgrad hat zumindest bei Eisenbahnfans auch noch die so genannte Obere Ruhrtalbahn Schwerte – Warburg.

Dabei bezeichnete der Begriff Ruhrtalbahn einst eine durchgehende Eisenbahnverbindung zwischen Düsseldorf bzw. Mülheim im Westen und Warburg im Osten, die mit ihren Anschlüssen nach Mitteldeutschland (via Holzminden) und Kassel zu den bedeutendsten Routen der Bergisch-Märkischen Eisenbahngesellschaft zählte. Im Ruhrgebiet selbst hatte sie Anschluss an zahlreiche Zechen, an Eisen erzeugende und verarbeitende Unternehmen.

Zunächst eröffnete die BME den Streckenabschnitt Düsseldorf-Rath – Kettwig – Werden – Kupferdreh (1. Februar 1872), am 1. Januar 1874 folgte die Strecke Überruhr – Altendorf – Bochum-Dahlhausen; das ebenfalls inzwischen der BME gehörende Zwischenstück Kupferdreh – Überruhr stand bereits seit dem 1. Dezember 1847 in Betrieb (Prinz-Wilhelm-Bahn, 1863 an die BME übergegangen).

Das damals noch selbständige Dahlhausen war zu dieser Zeit schon ein wichtiger Bahnhof der BME: Am 21. September 1863 war die Strecke Steele – Dahlhausen eröffnet worden (hier fährt heute die S-Bahn), am 10. Oktober 1870 Dahlhausen – Bochum-Laer (nur Güterverkehr) und am 28. Dezember 1869 Dahlhausen – Hattingen – Welper (Henrichshütte). Welper – Volmarstein – Vorhalle folgte am 1. Juni 1874, Vorhalle – Hagen wiederum war damals schon 25 Jahre alt, gehörte es doch zur Stammstrecke der BME.

1866 hatte die BME die Strecke Hagen – Unna – Hamm fertiggestellt, von dieser wurde nun ab Schwerte eine Zweigstrecke ins obere Ruhrtal gebaut. Am 1. Juni 1870 wurde sie bis Arnsberg eröffnet, am 18. Dezember 1871 folgte Arnsberg – Meschede, am 1. Juli 1872 Meschede – Bestwig, am 6. Januar 1873 Bestwig – Scherfede – Warburg. In Warburg schloss die Obere Ruhrtalbahn an die Hauptbahn nach Kassel (– Thüringen) an, die nach der Annektion Kurhessens durch Preußen 1866 von der BME übernommen worden war. Von Scherfede aus baute die BME schließlich eine Strecke nach Holzminden (1876), wo Anschluss an das Netz der ehemaligen Braunschweigischen Staatseisenbahn bestand, das bis nahe Magdeburg reichte und inzwischen ebenfalls von der BME mitkontrolliert wurde. Dies ist hier etwas ausführlicher geschildert worden, um beispielhaft ein Schlaglicht auf die Geschäftspolitik einer großen Gesellschaft weit abseits ihres Kerngebiets zu werfen.

Im März 1876 wurde auch die Zweigstrecke Kettwig – Mülheim eröffnet, in Mülheim selbst war die BME damals längst präsent. Das heißt: Die BME verfügte nun über eine Fernbahn von Rhein und Ruhr mit eigenen Anschlüssen bis Thüringen und in den Raum Magdeburg. Für die Kohleabfuhr zu den großen Märkten im Osten (Berlin, Raum Halle/Leipzig usw.) war das ideal. Und zugleich war diese Route von herausragender Bedeutung für den lokalen Güterverkehr im Revier. Auch Fernreisezüge, die diese Route benutzten, hat es gegeben.

Allerdings währte die große Zeit der Ruhrtalbahn nicht lange. Nach der Verstaatlichung der Privatbahnen mit Beginn der 1880er Jahre wurde der Ferngüterverkehr mehr und mehr auf die weniger steigungsreichen Routen über Hamm bzw. Altenbeken verlagert, der Fernreiseverkehr bevorzugte im Ruhrgebiet sowieso andere Wege und ging dem mittleren Ruhrtal nun ganz verloren.

Für die Industrie zwischen Essen und Witten blieb die Strecke aber noch für Jahrzehnte unverzichtbar. Zwar sank ihr Stern mit der Nordwanderung des Bergbaus und dem Zechensterben im mittleren Ruhrtal, aber Giganten wie die Henrichshütte in Hattingen sorgten weiterhin für viel Güterverkehr. Der Personenverkehr hingegen wurde auf der Relation Hattingen – Witten-Bommern 1971 eingestellt, 1982 endete hier auch der durchgehende Güterverkehr, seit dem Ende der Henrichshütte gibt es im gesamten Abschnitt Essen – Witten-Bommern (hier vereinigen sich die Ruhrtalbahn und die Güterzugstrecke Witten – Rbf Vorhalle) nur noch spärlichen Güterverkehr. Inzwischen gehört die Strecke zwischen Hattingen und Witten-Wengern dem Regionalverband Ruhr (RVR) und wird von der eingangs erwähnten Ruhrtalbahn GmbH mit historischen Zügen befahren.

Und was wurde aus den anderen Abschnitten der alten BME-Ruhrtalbahn? Zwischen Düsseldorf und Essen wird die Strecke heute von der S-Bahn (S6) genutzt, der Zweig Kettwig – Mülheim-Broich wurde 1967 im Personenverkehr stillgelegt und verlor bald auch den Güterverkehr, inzwischen fand die Trasse eine neue Nutzung als Rad- und Wanderweg. Das gilt auch für den 1960 stillgelegten Abschnitt Überruhr – Altendorf (– Dahlhausen), an den noch heute die eiserne Ruhrbrücke in Dahlhausen erinnert.

## Wanne/Wesel – Haltern – Münster – Hamburg

Eine Eisenbahnverbindung zwischen dem Ruhrgebiet und den Seehäfen Bremen und Hamburg stand bei vielen Bahngesellschaften und Baukomitees schon lange ganz oben auf der Agenda, als der Krieg von 1866 plötzlich neue Möglichkeiten eröffnete: Preußen annektierte das Königreich Hannover, welches bis dahin ganz auf das Staatsbahnsystem gesetzt hatte und machte es zu einer neuen Provinz. Da in Preußen in dieser Zeit Privatbahnen hohes Ansehen genossen, konnte dem potentesten Bewerber, der CME, grünes Licht gegeben werden.

Die CME nahm in das dann realisierte Projekt nicht nur die Verbindung aus dem Ruhrgebiet auf (Ausgangspunkt wurde der bis dahin unbedeutende Ort Wanne an der CME-Stammstrecke), sondern auch vor allem aus Frankreich, Belgien und Holland geförderte Bestrebungen, eine Linie Hamburg – Holland/Belgien – Paris herzustellen; sie sollte in Venlo an das holländische Netz anschließen und über Wesel (Rheinbrücke; siehe das entsprechende Kapitel in diesem Buch) nach Haltern führen und dort auf die Strecke aus Wanne treffen. Von Haltern ging es dann den bekannten Weg weiter über Münster und Osnabrück Richtung Nordsee.

Die weitere Geschichte der „Venloer Bahn", wie das gesamte Projekt auch genannt wurde, liest sich in aller Kürze so: Am Neujahrstag 1870 wurde Wanne – Recklinghausen – Haltern – Münster eröffnet, am 1. September 1871 Münster – Osnabrück. Bis 1874 erreichte die Strecke schließlich Hamburg. Ebenfalls ab 1874 (1. März) konnte von Haltern aus auch Wesel per Bahn erreicht werden, am Silvestertag 1874 wurde der Verkehr Wesel – Venlo aufgenommen. Während die Verbindung Wanne-Eickel – Haltern – Münster – Hamburg bis heute eine der wichtigsten Magistralen des deutschen Eisenbahnnetzes geblieben ist, stellt sich die Sache für Haltern – Wesel – Venlo ganz anders dar. Weil auf den Wiederaufbau der zerstörten Weseler Rheinbrücke verzichtet wurde, nahm die Bundesbahn die Streckenabschnitte am linken Rheinufer gar nicht erst wieder in Betrieb. Rechtsrheinisch stellte sie zum 30. September 1960 den Personenverkehr Wesel – Hervest-Dorsten – Haltern ein, in zahlreichen Schritten folgte bis 1988 die Einstellung auch des Güterverkehrs. Geblieben ist ein als Weseler Bahnhofsgleis zurückgestufter Rest zum RWE-Werk Hohe Mark.

## Die Emschertalbahnen

Für die Erweckung des Bergbaus in der Emscherzone, die Nordwanderung des Steinkohlenabbaus, spielte schon die 1847 eröffnete Stammstrecke der Köln-Mindener Bahn eine wichtige Rolle. Aber sie allein reichte bei weitem nicht aus, um die erwarteten großen Vorkommen hier erschließen zu können. Um 1870 begann ein regelrechter Wettlauf um die nächsten Strecken im Emscherraum. Ende 1868 erhielt die CME ihre Konzession für eine Strecke, die bei Meiderich von der Ruhrorter Bahn abzweigte und dann über Neumühl und Sterkrade durch das untere Emschertal bis Wanne führte. Ab Wanne – seit dem Bau der Magistrale nach Münster/Hamburg ein wichtiger CME-Bahnhof – ging es dann an der CME-Stammstrecke weiter bis Herne, ab dort über eine neue Strecke via Castrop-Rauxel Süd, Bövinghausen und Marten nach Dortmund Hbf. Sterkrade – Wanne wurde am 1. Juli 1874 für den Personenverkehr eröffnet, Herne – Dortmund am 1. April 1878. Für den weit

Die Emschertalbahn der CME zwischen Dortmund und Herne war vorrangig zur Anbindung der Bergwerke gebaut worden. Mit der Stilllegung von Zeche und Kokerei Erin am Bahnhof Castrop-Rauxel Süd, wo das Foto oben entstand, ging dieses Kapitel zu Ende. Heute kann man auf diesem Teilstück der Emschertalbahn regelmäßig nur noch Regionalverkehrszüge sehen.

wichtigeren Güterverkehr war die Emschertalbahn bereits früher, jeweils nach Baufortschritt, in Betrieb genommen worden.

Der Kohlenverkehr auf der Emschertalbahn ist Geschichte, westlich von Wanne sind weite Abschnitte der Strecke ganz aufgegeben worden. (Wanne-Eickel -) Herne – Castrop-Rauxel Süd – Dortmund firmiert heute im Kursbuch unter der Nummer 426 als RB 43 „Emschertal-Bahn", ihre Züge pendeln zwischen Dorsten und Dortmund.

Seit 1874 baute auch die (staatliche) Westfälische Eisenbahn (WE) an einer Strecke von Dortmund (Süd) nach Sterkrade über Dorstfeld – Bodelschwingh/Mengede – Herne – Gelsenkirchen – Horst – Oberhausen. Diese „Westfälische Emschertalbahn" war als reine Güterzugstrecke konzipiert. Am 1. September 1878 wurde Dortmund Süd – Bodelschwingh eröffnet, der Rest im Laufe des Jahres 1879.

Zwischen Herne und Schalke Nord lag die WE-Emschertalbahn neben der unvollendeten Emschertalbahn der BME (siehe unten). Der Verkehr blieb hinter den Erwartungen zurück. Der Übergang zum Staatsbahnsystem ließ zudem mancherorts einst konkurrierende Strecken obsolet erscheinen. 1884 bereits wurde die gerade mal sechs Jahre alte WE-Emschertalbahn großenteils schon wieder stillgelegt. Einige Abschnitte fanden aber in neuen Verbindungen eine andere Verwendung, etwa Dorstfeld – Mengede (heute fährt hier die S2) und Hugo – Osterfeld (siehe unten Hamm – Osterfeld).

1871 erhielt auch die BME die Konzession zum Bau einer Strecke im Emschertal, 1872 begann auf der Linie Essen BME (Hbf) – Abzweig Helene – Katernberg Nord – Schalke Nord – Gelsenkirchen-Bismarck – Herne der Bau, am 27. April 1874 wurde zwischen Essen und Schalke der Güterverkehr aufgenommen (Personenverkehr ab 1. Januar 1875), am 10. Januar 1876 von Schalke-Nord bis Herne (zunächst nur Güterverkehr). 1880 erhielt die Strecke zudem einen Anschluss nach Oberhausen (von Katernberg Nord), so dass nun die BME über eine Y-Verbindung Oberhausen/Essen – Schalke – Herne verfügte. Den weiteren Ausbau dieser Route von Herne durchs Emschertal in Richtung Dortmund unterließ sie jedoch, da inzwischen die WE, mit der man bei der Kohlenabfuhr Richtung Osten nun kooperierte, ihre Emschertalbahn aus Dortmund Süd nach Herne geführt hatte.

Auch die Rheinische Eisenbahngesellschaft hatte eine Konzession für eine Emschertal-Bahn beantragt, die ihr jedoch nicht erteilt wurde.

## Dortmund – Welver

Als Betreiberin der Strecke (Kassel –) Warburg – Paderborn – Soest – Hamm (– Münster) verfügte die Königlich Westfälische Eisenbahn (WE) zwar über eine wichtige Ost-West-Strecke, ihr fehlte aber ein eigener Zugang zum Kohlenrevier. Deshalb baute das staatliche Eisenbahnunternehmen eine Strecke von Welver (zwischen Soest und Hamm) über Königsborn nach Dortmund Süd (eröffnet am 15. Mai 1876), von dort ging es weiter ins Emschertal (siehe oben).

Während der WE-Emschertalbahn wie gesehen kein langes Leben beschieden war, sollte die WE-Strecke Dortmund Süd – Welver noch eine ganz interessante Karriere im Güter- und Reiseverkehr hinlegen; sogar Fernreisezüge gehörten hier zum täglichen Bild. Erst 1956 wurde das letzte über diese Linie verkehrende D-Zug-Paar (von/nach Kassel) eingestellt. 1968 wurde schließlich Unna-Königsborn – Welver komplett stillgelegt und abgebaut; anders als die umgebenden Fernstrecken war die nach Welver nicht mehr für die Elektrifizierung vorgesehen und galt deshalb als verzichtbar. Zwischen Unna-Königsborn und Dortmund nutzt heute die S-Bahn (S4) die alte WE-Trasse. Vom Bahnhof Dortmund Süd existieren u. a. noch Reste des Ringlokschuppens und der mächtige Wasserturm, der Reisezughalt wurde zugunsten der Station Stadthaus aufgegeben.

## Dortmund – Düsseldorf (RE)

Dortmunds Südbahnhof war auch Ausgangs- bzw. Endstation einer Eisenbahnstrecke, wie es sie in Nordrhein-Westfalen nicht noch einmal gab. Gemeint ist die letzte große Fernbahn der Rheinischen Eisenbahngesellschaft (RE), nämlich Düsseldorf – Gerresheim – Mettmann – Wuppertal-Varresbeck – Wuppertal-Wichlinghausen – Schwelm-Loh – Hagen-Eckesey – Herdecke – Dortmund. Am 15. September 1879, nur wenige Monate vor der Verstaatlichung auch der RE, wurde diese mit ihren zahlreichen Tunnels (im Wuppertaler Stadtgebiet und in Gevelsberg) und Viadukten (in Wuppertal, vor allem aber über die Ruhr bei Herdecke) extrem aufwändige Strecke eröffnet. Sie und die von ihr ausgehenden Routen ins Ruhrtal sollten das bis dahin noch immer vergleichsweise magere Angebot der RE rechts des Rheins auf ein neues Niveau heben.

Der Übergang zum Staatsbahnsystem verhinderte eine große Karriere. Der Fernreiseverkehr zwischen dem Rhein und Dortmund/Hagen blieb auf der BME-Stammstrecke, da diese in Elberfeld, Barmen und Hagen deutlich näher zu den Stadtzentren lag. Der RE-Strecke blieb neben Regionalverkehr über Jahrzehnte nur der Güterverkehr. Als aber in den sechziger Jahren die Elektrifizierung auch die BME-Strecke erfasste (angesichts der enormen

Die von der RE gebaute Strecke Dortmund – Herdecke – Hagen-Eckesey – Wuppertal-Wichlinghausen – Mettmann – Düsseldorf war mit ihren Tunnels und Viadukten die aufwändigste und ungewöhnlichste der Region. Das Foto entstand um 1960 am Haltepunkt Wuppertal-Rott. Heute ist die Strecke hier stillgelegt.

Kosten kam das für die RE-Strecke nur auf Teilabschnitten in Frage), wurde dieser Güterverkehr ebenfalls großenteils auf die BME-Strecke verlagert. Im Wuppertaler Stadtgebiet ist „die Rheinische" heute stillgelegt, zwischen Gevelsberg und Hagen dient die Trasse jetzt der Ost-West-S-Bahn (S8), zwischen Hagen und Dortmund der RB 52 (Volmetalbahn), wobei die Züge seit 1957 nicht mehr den Dortmunder Südbahnhof anfahren, sondern über eine Verbindungskurve Westfalenhalle – Tierpark zum Hauptbahnhof geleitet werden. Dortmund Süd – Hacheney (früher: Hoerde Rheinisch) wurde anschließend stillgelegt.

## Duisburg – Quakenbrück (RE)

Mit der Strecke Duisburg – Dorsten – Coesfeld – Rheine – Quakenbrück wollte die Rheinische Eisenbahngesellschaft den geraden Weg vom Ruhrgebiet nach Oldenburg und zum aufstrebenden Kriegshafen Wilhelmshaven – als Frachten lockten Kohle und Stahl für die Marine – herstellen. Von der über 170 km langen und in einem Stück am 1. Juli 1879 eröffneten Verbindung findet man heute nur noch das Teilstück Dorsten – Coesfeld im Kursbuch.

Der (CME-)Bahnhof Oberhausen, später Ausgangspunkt der meisten Reisezüge, wurde zunächst überhaupt nicht berührt. In Duisburg bestand der wichtigste Anschluss an das übrige Netz der RE, zudem gab es eine Verbindung von Osterfeld (Nord) nach Frintrop, einem damals wichtigen Übergabebahnhof zum Austausch von Güterwagen zwischen RE, CME und BME.

Nach der Verstaatlichung krempelte die Preußische Staatsbahn das Eisenbahnnetz im Raume Duisburg/Oberhausen um: Die Strecke der RE von Duisburg über Oberhausen West nach Osterfeld wurde zur reinen Güterzugstrecke und die Personenzüge nach Quakenbrück wurden ab dem 1. Oktober 1886 auf den Ausgangspunkt Oberhausen statt Duisburg verlegt und benutzten zwischen Oberhausen und Osterfeld die Strecke der ehemaligen BME, die mitten durch das Gelände der (späteren) Hüttenwerk Oberhausen AG führte (heute „Centro").

Die Brücken über den Rhein-Herne-Kanal und die Emscher zwischen Oberhausen und Osterfeld wurden im Zweiten Weltkrieg zerstört und nicht wieder aufgebaut, seit 1945 begann die Strecke nach Quakenbrück somit in Osterfeld Nord.

Am 29. Mai 1960 stellte die DB zwischen Oberhausen und Dorsten den Reiseverkehr über die alte RE-Strecke mangels Nachfrage ein, außer Kirchhellen wurde kaum ein größerer Ort berührt. Seitdem nehmen alle Reisezüge zwischen Oberhausen und Dorsten den längeren Weg über Bottrop Hbf und Gladbeck West. Vierzehn Jahre darauf, am 26. Mai 1974, wurde dann zwischen Bottrop Nord/Anschluss Pilkington (wird noch heute von Oberhausen aus bedient) und Dorsten auch der Güterverkehr eingestellt.

Im Nordabschnitt Rheine – Quakenbrück endete der Reisezugverkehr am 1. Juni 1969; hier wollte die DB eine Rad-Schiene-Versuchsstrecke für den Hochgeschwindigkeitsverkehr einrichten (ICE-Erprobung), doch daraus wurde letztlich nichts. Der Reisezugverkehr zwischen Coesfeld und Rheine schließlich endete zum 29. September 1984.

## Hamm – Osterfeld

Seit Ende der 1880er Jahre schon forderten private Interessenten den Bau einer vorrangig dem Güterverkehr dienenden Eisenbahn, die am Nordrand des Bergbaugebiets von Bottrop nach Recklinghausen und weiter über Lünen nach Hamm führen sollte. Die Bahn sollte vor allem der Entlastung der Köln-Mindener Stammstrecke dienen und die kleineren Sammelbahnhöfe mit dem wichtigen Rangierbahnhof Hamm verbinden. Außerdem bedurfte es einer Abfuhrstrecke für den in die Region vordringenden Steinkohlebergbau. Der Staat, der hier bald selbst über Zechen verfügen sollte, zeigte zunächst wenig Interesse, handelte dann aber doch und erteilte per Gesetz vom 25. Mai 1900 der K.P.E.V. die Baukonzession.

Am 1. Mai 1905 wurde die 86 km lange Strecke schließlich dem Betrieb übergeben. Sie führt von Hamm über Bergkamen, Oberaden, Lünen-Süd, Waltrop, Datteln, Recklinghausen-Ost, Gelsenkirchen-Buer Nord, Gladbeck-West und Bottrop Hbf nach Oberhausen-Osterfeld. Dabei folgt sie im Westen zwischen Bottrop und Osterfeld der 1884 stillgelegten (staatlichen) Westfälischen Emschertalbahn, die ihrerseits 1900/1901 zwischen Gelsenkirchen-Hugo und Osterfeld Süd wieder in Betrieb gegangen war.

In erster Linie waren wohl die Standorte der (staatlichen) Zechen für den Verlauf der Hamm-Osterfelder Bahn ausschlaggebend. Der Anschluss der berührten Ortschaften an den Personenverkehr war von nachgeordneter Bedeutung, an der ortsfernen Lage der Bahnhöfe lässt sich dies ablesen. Für durchgehenden Personenverkehr war die Strecke auch ungeeignet, da sie den wichtigsten potenziellen Zwischenbahnhof Recklinghausen Hbf nur über Verbindungskurven erreicht.

Am 29. Mai 1983 wurde der stets bescheidene Personenverkehr Hamm – Recklinghausen Hbf eingestellt. Regionalverkehr verblieb auf dem westlichen Teil der Strecke. Zum einen handelt es sich dabei um den Abschnitt Buer-Nord – Bottrop Hbf, der von Regionalzügen von Haltern her über die 1967 eröffnete „V9-Strecke" (siehe unten) befahren wird, zum anderen um die Züge von Dorsten über Gladbeck-West in Richtung Oberhausen Hbf (und jeweils umgekehrt).

Auch heute spielt die Strecke Hamm – Osterfeld im Güterverkehr eine wichtige Rolle, sogar Kohlenzüge gibt es hier immer noch zu sehen.

## Die V9-Strecke

Jahrzehntelang hatten weder die Reichsbahn noch die Bundesbahn in den Bau neuer Strecken investieren können oder wollen; die wenigen Neueröffnungen der zwanziger- und dreißiger Jahre wie Witten – Schwelm (siehe das Brücken-Kapitel, speziell den Wittener Ruhrviadukt) waren noch zu Zeiten der K.P.E.V. in Angriff genommen, wegen des Ersten Weltkriegs aber nicht mehr zu Ende gebracht worden. Und auch die junge Bundesbahn tat sich angesichts ihrer ständigen finanziellen Nöte – große Infrastruktur-Investitionen waren schon in den fünfziger und sechziger Jahren ohne massive Zuschüsse aus Mitteln des Bundes- oder Länderhaushaltes praktisch unmöglich – ausgesprochen schwer, neue Strecken zu bauen. Dabei muss natürlich auch berücksichtigt werden, dass im Ruhrgebiet schon vor einem halben Jahrhundert eher ein Überangebot an Strecken bestand – gewissermaßen eine Altlast aus Privatbahn-Zeiten.

Nach sich über viele Jahre hinziehenden Planungen geschah es dann aber doch: Am 29. September 1968 wurde die in den Planungen als V9 (Verkehrsband 9) bezeichnete 16,8 km lange Strecke Gelsenkirchen-Buer Nord – Marl Abzweigstelle Lippe in Betrieb genommen. Die größtenteils eingleisige und von Anfang an elektrifizierte Strecke verknüpft die Strecken Münster – Recklinghausen und Hamm – Osterfeld. Ihre Hauptaufgaben waren (und sind) die Anbindung der jungen Stadt Marl und ihrer Chemie-Industrie ans Eisenbahnnetz und eine direkte Anbindung des Wirtschaftsraumes Oberhausen/Bottrop/Duisburg an die Strecke (Wanne-Eickel –) Haltern – Münster – Seehäfen. Im Personenverkehr wird die V9 heute von der S9 benutzt.

Erst 15 Jahre nach der V9 wurde wieder eine völlig neue Strecke für den Personenverkehr im Ruhrgebiet eröffnet: das Teilstück Dorstfeld – Universität – Langendreer im Abschnitt Dortmund – Bochum der S1, 7 km lang und seit dem 25. September 1983 in Betrieb.

Bei den zweimal jährlich stattfindenden Museumstagen stehen im Bw Bochum-Dahlhausen gleich mehrere Loks (auch anderer Vereine) unter Dampf.

# Museumsbahnen

## Das Eisenbahnmuseum Bochum-Dahlhausen

Die im Jahre 1967 gegründete Deutsche Gesellschaft für Eisenbahngeschichte e. V. wurde auf der Suche nach Unterstellmöglichkeiten für ihre rasch wachsende Fahrzeugsammlung auch in Bochum fündig und mietete von der damaligen Deutschen Bundesbahn zunächst drei Stände des Ringlokschuppens im Bw Dahlhausen an, die ersten Fahrzeuge, unter anderem die Neubau-Dampflok 66 002, zogen bald hier ein. So wie die DB sich aus dem Bw schrittweise zurückzog, umso mehr Schuppenstände konnte die DGEG für die Fahrzeugsammlung übernehmen. Im Jahre 1977 wurde das „Eisenbahnmuseum Bochum-Dahlhausen“ offiziell eröffnet.

Mit dem inzwischen der DGEG gehörenden Bw Dahlhausen konnte dem Publikum ein fast vollständig erhaltenes Bahnbetriebswerk der Dampflokzeit mit Drehscheibe und Ringlokschuppen sowie den dazugehörenden Nebengebäuden präsentiert werden. Fehlende Anlagen, wie z. B. Kohle- und Wasserkran, wurden von anderer Stelle her beschafft und in Betrieb gesetzt. Auch wegen seiner Original-Atmosphäre genießt das Museums-Bw heute einen herausragenden Ruf. Inzwischen sind über 180 Schienenfahrzeuge aus der Zeit von 1853 bis in die 1960er Jahre hier zu sehen.

1985 konnten mit der Inbetriebnahme der 74 1192 (preußische T 12) und 1992 mit der 38 2267 (pr. P 8) weitere Meilensteine gesetzt werden. 1990 begann der Planbetrieb mit Dampflokomotiven auf der Ruhrtalstrecke. Mit der 38 2267 wurden in den folgenden Jahren auch zahlreiche Züge auf DB-Strecken gefahren, da die Maschine mit Indusi und Zugbahnfunk ausgerüstet ist. Einsätze des Museumszuges auch außerhalb des Museums wurden immer häufiger, auch für Filmaufnahmen wird gerne auf das rollende Material der DGEG zurückgegriffen. So etablierte sich nach und nach ein beliebtes Sonderfahrtenprogramm, das den Museumszug bis in die Niederlande (Rotterdam) führte. Schwerpunkt ist aber der planmäßige Museumszugverkehr auf der Ruhrtalbahn (siehe nächste Seite).

Für die nächsten Jahre haben sich die Dahlhauser Museumsbahner das ehrgeizige Projekt der Wiederinbetriebnahme der DB-Neubaulokomotive 66 002 auf die Fahne geschrieben.

DGEG Eisenbahnmuseum Bochum-Dahlhausen
Dr.-C.-Otto-Str. 191 · 44879 Bochum
Telefon: (02 34) 49 25 16
Öffnungszeiten: Dienstag bis Freitag, Sonn- und Feiertag 10-17 Uhr
Winterpause von Ende November bis Ende Februar
www.eisenbahnmuseum-bochum.de · www.dgeg.de
info@eisenbahnmuseum-bochum.de

## Die RuhrtalBahn

In den 1970er Jahren veranstaltete das Eisenbahnmuseum Bochum-Dahlhausen auf der mittleren Ruhrtalstrecke zwischen Hattingen und Witten-Oberwengern Fahrten mit dem historischen Museumszug und den damals noch in Betrieb stehenden Dampflokomotiven „Walsum 5“ oder „146 BLE“. Nachdem 1977 die Deutsche Bundesbahn für ihre Strecke ein Dampflokverbot erlassen hatte, kamen nun Diesellokomotiven des Typs V 36 zum Einsatz. Seit 1981 bestand ein fahrplanmäßiger Museumszugverkehr auf dem Abschnitt von Hattingen bis Witten-Wengern Ost. 1990 kam mit der 74 1192 der DGEG erstmals wieder eine Dampflokomotive auf die Strecke. 1992 wurde diese durch die stärkere und mit größeren Vorräten ausgestattete 38 2267 abgelöst.

Mit den Fahrten auf der Ruhrtalstrecke wird ein einmaliges Naherholungsgebiet erschlossen. Mit dem Aufblühen der „Industriekultur“ gegen Ende der 1990er Jahre rückte die Bahn noch mehr in den Blickpunkt der Öffentlichkeit wie auch der Politik, da sie mehrere Industriemuseen der „Route der Industriekultur“ verbindet. Das legte das Ziel nahe, durch den Ausbau der Bahnangebote sowie durch die Verknüpfung mit Radwegen und Schifffahrtsrouten eine einmalige Kombination aus Industriekultur und Freizeittourismus zu bieten.

Mit der 2005 gegründeten RuhrtalBahn Betriebsgesellschaft mbH in Hagen wurde ein Grundstein für einen erweiterten Betrieb auf der Strecke gelegt. Breite Unterstützung erfährt das Projekt aus den anliegenden Städten Bochum und Hagen, dem Ennepe-Ruhr-Kreis sowie durch den Regionalverband Ruhr. Die von Museumszügen genutzte Strecke wurde von 18 auf rund 36 km verdoppelt, Start- bzw Endpunkte sind nun das DGEG Eisenbahnmuseum in Bochum-Dahlhausen und Hagen Hbf. Dampfzugfahrten sind an den jeweils ersten Sonntagen der Monate April bis November sowie an den Feiertagen in NRW vorgesehen. Zwischen Mai und September verkehrt an jedem Freitag und Sonntag ohne Dampfbetrieb ein Schienenbus auf der gleichen Relation. Der Fahrplan sieht jeweils drei Zugpaare vor (Angaben für 2005). Die Fahrzeuge sowie das Personal stellt das an der RuhrtalBahn GmbH beteiligte Eisenbahnmuseum Bochum-Dahlhausen.

RuhrtalBahn Bertriebsgesellschaft mbH · Postfach 0211 · 58002 Hagen
Info-Telefon Montag bis Donnerstag 14-18 Uhr: (0 18 01) 66 00 99 07 52
www.ruhrtalbahn.de

# Hespertalbahn

Seit 1975 bemüht sich der „Verein zur Erhaltung der Hespertalbahn e.V." (VEH) erfolgreich um den Betrieb der ehemaligen Zechenbahn als Museumseisenbahn. Idyllisch am Südufer des Baldeneysees in Essen gelegen, bringt das Besucheraufkommen in diesem wichtigen Naherholungsgebiet die nötigen Fahrgastzahlen.

Geschichtlich nahm die Hespertalbahn bereits 1854 ihren Anfang, als eine Kohlenschleppbahn mit Pferdebetrieb von Langenhorst durch das Hespertal bis Haus Scheppen in Betrieb genommen wurde. 1856 wurde der Anschluss nach Kupferdreh geschaffen, das ist die heutige Stammstrecke der Hespertalbahn. Die 1877 fertiggestellte Umspurung der Bahn auf Normalspur ermöglichte fortan den Einsatz von Dampflokomotiven.

Die Hespertalbahn diente in erster Linie der Abfuhr der Kohle aus den angeschlossenen Zechen sowie der Bedienung des Zementwerkes in Essen-Kupferdreh. Seit 1976 fährt die Hespertalbahn im reinen Museumsbetrieb zwischen Mai und Oktober zwischen den Bahnhöfen Essen-Kuperdreh und Haus Scheppen. Zur Verfügung stehen zwei Dampf- und verschiedene Diesellokomotiven.

VEH – Verein zur Erhaltung der Hespertalbahn e.V.
Postfach 15 02 23 · 45242 Essen
www.hespertalbahn.de

# Historische Eisenbahn Gelsenkirchen

Nach über Jahre hinweg eher sporadisch angebotenen Sonderfahrten mit einem vierteiligen Schienenbus der Bauart VT 98 gründete sich im Jahre 2001 der Verein „Historische Eisenbahn Gelsenkirchen e.V.". Angeboten werden Tages- und Ausflugsfahrten im Ruhrgebiet sowie zu Zielen darüber hinaus, wie z. B. das Sauerland oder zu Stadtfesten in benachbarten Regionen. Zu den ehrgeizigen Projekten gehört auch die Wiederinbetriebnahme der 2005 aus Hamm (Maximilianpark) übernommenen und einer Stiftung gehörenden Dampflokomotive 44 1558.

Idealer Standort auch für dieses Fahrzeug ist natürlich das von der öffentlichen Hand getragene und unter Denkmalschutz stehende ehemaligen Bw Gelsenkirchen-Bismarck. Um dessen neue Nutzung im alten Sinne bemüht sich seit 1991 der Förderverein Bahnbetriebswerk Bismarck e.V.

Das Bahnbetriebswerk ist baulich eines der jüngsten seiner Art und entstand im Zuge des Ausbaus des Bahnhofs Gelsenkirchen-Bismarck, der infolge des Ersten Weltkriegs sehr schleppend verlief. Erst 1928 wurde das neue Bahnbetriebswerk in Betrieb genommen, der neue Verschiebebahnhof, dem es vorrangig dienen sollte, 1934. Kernstück der Bw-Anlage ist der 16-ständige Ringlokschuppen, zweites großes Gebäude ist die Güterwagen-Ausbesserungshalle.

www.historische-eisenbahn-gelsenkirchen.de
www.bahnwerk-bismarck.de

# Geschichte des Bw Bochum-Dahlhausen

Das Bahnbetriebswerk Bochum-Dahlhausen wurde 1916-18 durch die K.P.E.V. errichtet, aber erst ab 1925 wurden ihm eigene Lokomotiven und eigenes Fahrpersonal zugeteilt; bis dahin wurden hier Loks benachbarter Betriebswerke untersucht und repariert. Hauptaufgabe der vom Bw Dahlhausen eingesetzten Loks war der Güterzug-Streckendienst, vor allem der Kohleverkehr. Die im Rangierbahnhof Dahlhausen zusammengestellten Züge mussten zu den Bestimmungsbahnhöfen abgefahren werden, im Gegenlauf waren leere Güterwagen zu den Zechen zurückzubringen. Der größte Lokomotivbestand betrug in Bochum-Dahlhausen 35 Dampflokomotiven.

Neben den Lokomotivbehandlungsanlagen (Wasserkran, Bekohlung und Kohlenlager, Schlackengrube, Besandungsanlage) waren verschiedene Hochbauten für Werkstatt und Verwaltung, Lokleitung, Stofflager, Elektrizitätsversorgung etc. sowie als Übernachtungsgebäude erforderlich. Zum Bahnbetriebswerk Bochum-Dahlhausen gehörte – wie zu vielen Bw an Rangierbahnhöfen – auch eine Reparaturhalle für defekte oder untersuchungspflichtige Güterwagen.

Während des Zweiten Weltkrieges wurden durch Bombentreffer die Bw-Anlagen schwer beschädigt. Erst 1951/52 konnte das kriegszerstörte Holzdach des Lokomotivschuppens durch eine neue Metall-Eternit-Konstruktion ersetzt und die total zerstörte Waggonreparaturhalle wieder aufgebaut werden.

Vor der Museumszeit: vier Bilder vom Bw Bochum-Dahlhausen aus den fünfziger Jahren.

Mitte der sechziger Jahre fertigte der Rangierbahnhof Dahlhausen täglich noch mehr als 2.000 Güterwagen ab, dann aber wurde Zeche um Zeche geschlossen, der Rangierbahnhof und damit auch das Betriebswerk verloren ihre Hauptaufgaben. Am 1. August 1969 wurde das Bw Bochum-Dalhausen als selbstständige Dienststelle geschlossen sowie ein Teil der Anlagen zurückgebaut. Die Güterwagenausbesserung gab man 1982 auf. Die Deutsche Gesellschaft für Eisenbahngeschichte e.V. konnte ab 1968 nach und nach die Anlagen und Gebäude des Bw-Geländes wieder in den Zustand der Dampflokzeit zurückversetzen und zum heutigen Museums-Bw machen.

# Museen der Landschaftverbände

Drei Museen der Landschaftsverbände Westfalen-Lippe bzw. Rheinland sollen an dieser Stelle nicht unerwähnt bleiben. Über die herausragende Bedeutung und Attraktivität des Museums Zeche Zollern II/IV müssen an dieser Stelle nicht viele Worte verloren werden. Seit 1985 werden an diesem Standort auch Eisenbahnfahrzeuge gesammelt, dabei stehen Loks und Wagen im Vordergrund, die im Montanbereich (als z.B. bei Zechenbahnen) Dienst taten. Zu bestimmten Anlässen werden auch Loks angeheizt und Mitfahrten auf dem Führerstand sind möglich.

Eine besonders imposante Spezies von Eisenbahnfahrzeugen gibt es im Museum Henrichshütte in Hattingen zu sehen: historische Wagen für den Transport von Flüssigeisen, aber auch andere Spezialfahrzeuge, wie sie zur Bedienung von Hochofen- und Stahlwerksanlagen benötigt wurden.

Ein so genannter Torpedopfannenwagen (mitsamt einer Werksbahn-Ellok) begrüßt die Interessenten auch am Museumsbahnsteig im Hauptbahnhof Oberhausen. Wer den Bahnhof durch den Westausgang verlässt, findet rasch zum Rheinischen Industriemuseum in der ehemaligen Zinkfabrik Altenberg. Hier wird vor allem die Geschichte der Schwerindustrie an Rhein und Ruhr dokumentiert. Unter den Exponaten befindet sich auch die Dampflok 50 2429, die 1942 bei Krupp gebaut worden ist.

www.lwl.org
www.rim.lvr.de

# Arbeitsgemeinschaft Muttenthalbahn

In Nachbarschaft zum Museum Zeche Nachtigall des Westfälischen Industriemuseums kümmert sich auf dem Gelände der ehemaligen Zeche Theresia in Witten-Bommern die Arbeitsgemeinschaft Muttenthalbahn um historische Gruben- und Feldbahnfahrzeuge. Das Gelände liegt in unmittelbarer Nachbarschaft zur Ruhrtalbahn. Auf der Trasse der ehemaligen Pferdebahn von 1829 fahren heute Züge in 600-mm-Spur.

www.muttenthalbahn.org

## Abbildungsnachweis

Helmut Bittner: S. 48, 58 u.; Wolfgang Brandt, Atlas der Eisenbahnknoten der Preußischen Staatsbahn: S. 142, 143, 145; Eduard Erdmann: S. 40 o., 123; Slg. Johannes Glöckner: S. 139; Jens Grünebaum: S. 35, 54, 55, 62 u., 94, 102 o., 106 o., 111 o.; Wolfgang Klee: Titel, S. 51, 78, 81, 82, 83, 86 u., 87 u., 91, 95 u., 102 u., 103 o., 106 u., 110, 111 u., 112, 115 o., 119 o., 121, 130 r., 153; Günter Krause: S. 23.

DB/Slg. Markus Meinold: S. 7, 27 u., 40 u., 57, 72, 73, 75, 117; Carl Bellingrodt/Slg. Markus Meinold: S. 3, 66; Slg. Manfred van Kampen: S. 119 u.; Slg. Friedrich Risse: S. 41; Richard Schulz: S. 114; Siegfried Siemon/Archiv Eisenbahnmuseum Bochum-Dahlhausen: S. 8/9, 44, 45, 140, 156, 157; Stadtarchiv Dortmund: 89 o.; Stadtbildstelle Essen: S. 24/25; Stadtarchiv Herne: S. 16/17, 27 o., 37, 69 o., 90; Julian Tilman: 109 o.

Westfälisches Industriemuseum: S. 33 o., 34, 38 u., 39, 42 u., 43, 49 o., 53, 67, 68 r., 69 u., 84, 85, 97, 98 u.; Philipp Walkenhorst: 126/127, 129, 149; Rainer Wittbecker: S. 109 u., Rücktitel; Werner Wölke: S. 38 o., 42 o., 46, 47, 50, 58 o., 59, 62 o., 63, 76, 80, 86/87, 107, 115 u., 130 l., 132, 133; Slg. Werner Wölke: S. 22, 68 l., 100/101, 103 u., 120,

Die Abbildungen auf den Seiten 134 und 137 entstammen dem 1940 von der Fried. Krupp Aktiengesellschaft, Lokomotivfabrik, herausgegebenen Buch „Krupp im Dienste der Dampflokomotive", Slg. Hörnemann.

Alle nicht weiter benannten Abbildungen stammen aus dem Archiv der Deutschen Gesellschaft für Eisenbahngeschichte e.V., DGEG.

## Literatur (Auswahl)

Manfred Berger: Historische Bahnhofsbauten, Band 2; Berlin (Ost) 1987

Carl-Peter Ellerbrock, Marina Schuster (Hg.): 150 Jahre Köln-Mindener Eisenbahn, Katalog zur gleichnamigen Veranstaltungsreihe; Essen 1997

Wolfgang Klee: Eisenbahnen in Westfalen, Münster 2001

Wolfgang Klee: Preußische Eisenbahngeschichte, Stuttgart 1982

F. W. R. Kind: Entwicklung und Ausdehnung der Eisenbahngesellschaften im niederrheinisch-westfälischen Kohlengebiet; Diss. Leipzig 1908

Kommunalverband Ruhrgebiet (Hg.): Bahnen im Revier, Essen 2001

Werner Menninghaus, Günter Krause: Die Königlich Westphälische Eisenbahn; Lübbecke 1985

Werner Menninghaus, Günter Krause, Manfred van Kampen: Bergisch-Märkische Eisenbahn (1843–1881) – Ausbesserungswerk Witten; Lübbecke 1990

Wolfgang Messerschmidt: Taschenbuch Deutsche Lokomotivfabriken; Stuttgart 1977

Albert Mühl: K.P.E.V – Die Königlich Preußische Eisenbahn-Verwaltung, in: Jahrbuch für Eisenbahngeschichte 13, Karlsruhe/Augsburg 1981

Kristiane Müller-Urban, Eberhard Urban: Nordrhein-Westfalen für Eisenbahnfreunde – Nostalgie auf Schienen, Museumsbahnen, Eisenbahnmuseen; Frankfurt/Main 2005

Rolf Ostendorf: Eisenbahn-Knotenpunkt Ruhrgebiet, Stuttgart 1987

Rolf Ostendorf: Die Geschichte der Eisenbahndirektion Essen, Stuttgart 1983

Hans-Wolfgang Scharf: Eisenbahn-Rheinbrücken in Deutschland, Freiburg 2003

Rolf Swoboda, Norbert Tempel, Manfred van Kampen: Die Eisenbahn in Dortmund, Hövelhof 2003

Walter Völker: Betriebsführung im Bezirk der Bundesbahndirektion Essen, in: Die Bundesbahn, Jahrgang 1958, Seite 599 ff.

Harald Vogelsang: Die Fahrzeuge und Anlagen des Eisenbahnmuseums Bochum-Dahlhausen, Bochum 2002

Christoph Weleda, Norbert Tempel (Hg.): Die Bahn- und Hafenbetriebe der Ruhrkohle AG; Berlin 2003

# Mehr Lesestoff

Wolf-Dietmar Loos u. a.

## In Standardwagen und Schüttelrutsche

... mit der Straßenbahn durchs alte Revier.
108 Seiten im Format 24 x 22 cm,
fester Einband, ca. 110 Abbildungen,
durchgehend in Farbe,
ISBN 978-3-937189-20-8,
24,80 Euro

Markus Meinold

## Bahnhof Hamm (Westf)

166 Seiten, Format 24 x 21,5 cm,
ca. 180 Abbildungen, davon
zahlreiche in Farbe, fester Einband, ISBN 978-3-937189-07-9,
23,80 Euro.

Rolf Swoboda, Harald Vogelsang,
Wolfgang Klee

## Die Eisenbahn in Bochum

176 Seiten im Format A 4 hoch,
ca. 180 Abb., zum Teil in Farbe,
ISBN 978-3-937189-28-4,
29,80 Euro

Garrelt Riepelmeier

## Die Eisenbahn in Lippe

166 Seiten, Format 24 x 21,5 cm,
ca. 180 Abbildungen, davon
zahlreiche in Farbe, fester Einband, ISBN 978-3-937189-17-8,
24,80 Euro.

**AM KIOSK**

Sechsmal jährlich
bringt unsere Zeitschrift

## Eisenbahn Geschichte

auf rund 60 Seiten spannende und attraktiv bebilderte Berichte aus der Welt der Eisenbahn. Einzelheft 5,90 Euro, Jahresabo 29,50 Euro.

Erhältlich im Bahnhofsbuchhandel, im gut sortierten Zeitschriftenhandel oder beim Verlag (siehe unten).

Im Buchhandel und bei **DGEG Medien** · Nordstraße 32 · 33161 Hövelhof
Fax (0 52 57) 9 36 98 79 · medien@dgeg.de.

**Weitere Titel aus unserem Programm: Klicken Sie „Shop" unter: www.dgeg.de**